이젠 멈춰야 해!
기후변화

노란돼지 교양학교

이젠 멈춰야 해!
기후변화

초판 1쇄 2021년 7월 30일
글 공우석, 김소정 | **그림** 김성규
펴낸이 황정임 | **펴낸곳** 도서출판 노란돼지
경기도 파주시 (파주출판문화정보산업단지) 문발로 115, 307 (우)10881
전화 (031)942-5379 | **팩스** (031)942-5378
등록번호 제406-2009-000091호 | **등록일자** 2009년 11월 30일
편집 박예슬, 김성은 | **마케팅** 이주은, 이수빈 | **경영지원** 손향숙 | **디자인** 메이크디자인

ISBN 979-11-5995-265-4 73450
이 책의 그림과 글의 일부 또는 전부를 재사용하려면
반드시 저작권자와 노란돼지의 동의를 얻어야 합니다.
ⓒ노란돼지 2021

도서출판 노란돼지는 독자 여러분의 의견을 기다립니다.
홈페이지 yellowpig.co.kr | **인스타그램** @yellowpig_pub
값은 표지 뒷면에 있습니다.

제조국 대한민국 | **사용연령** 6세 이상
주의사항 종이에 베이거나 긁히지 않도록 조심하세요. 책 모서리가 날카로우니 던지거나 떨어뜨리지 마세요.

머리말

모두가 건강하고 행복하게 살 수 있는 길

저녁에 잠이 들기 전에 우리가 늘 하는 일이 하나 있어요. 바로 내일 날씨 알아보기예요. 특히 다음 날 소풍이나 운동회가 있다면 며칠 전부터 찾아보며 마음을 졸이지요. 날씨와 기후는 우리 생활과 많은 관련이 있어요. 우산을 가지고 나가야 할지, 무슨 옷을 입을지 결정하는 것뿐 아니라 언제 밭에 씨를 뿌리고 저녁 식탁에 어떤 생선이 올라오는지에도 영향을 미치거든요.

하지만 요즘 날씨가 옛날 같지 않다는 말이 여기저기서 들려와요. 갑자기 낮 최고 기온이 35℃를 넘어서는 폭염이 계속된다거나, 장마가 다른 해보다 길어지기도 해요. 또 날이 갈수록 여름은 더 덥고, 겨울은 더 추워요. 이런 현상은 모두 기후가 변화하고 있기 때문에 일어나요.

물론 우리나라만 이런 현상이 일어나고 있는 건 아니에요. 기후 변화는 전 세계적인 문제예요.

그래서 각국의 정치인, 과학자, 환경 보호 운동가 등 많은 사람들이 기후 변화의 원인을 찾고, 이를 해결하기 위해 생각을 모으고 있답니다. 이제는 기후 변화 대신 기후 위기, 기후 재앙이라는 무시무시한 단어를 쓰는 사람들도 늘고 있어요.

이 책에서는 기후 변화가 무엇이고, 왜 생기는지, 우리의 삶에 어떤 영향을 미치는지 알아보려고 해요. 기후 문제가 과학자나 정치가, 환경 운동가 같은 사람들만의 일은 아니니까요. 기후 변화는 우리 모두가 건강하고 행복하게 살아가기 위해 관심을 가지고 애써야 할 문제예요.

그렇다면 우리가 생활 속에서 무엇을 할 수 있을지도 생각해 봐야겠지요? 실천 방법이 대단하고 어마어마한 것은 아니랍니다. 햄버거를 먹지 않는 것도 기후 변화를 막는 일이기도 하니까요. 왜냐고요? 이제부터 그 이유를 하나씩 알아봐요.

차례

1장　기후는 왜 중요할까요?

기후와 날씨　16

기후 변화와 이상 기상　19

따뜻한 지구를 만드는 온실 효과　23

지구 온난화의 이유　24

과거의 지구 모습　27

역사를 바꾼 기후　30

다양한 기후　33

우리나라의 기후 변화　36

파리 기후 변화협정　39

기후 변화를 막기 위한 노력　40

🌈 좀 더 알아볼까요? 날씨는 어떻게 만들어지나요?　44

☂ 잠깐! 퀴즈　46

2장   기후 변화는 왜 일어날까요?

기후 변화는 자연스러운 현상   50

가장 중요한 요소, 태양   51

지구의 자전과 공전   53

화산 활동   54

바닷물의 온도   55

인간의 활동   57

석탄과 석유   59

지구의 기후 변화   60

물속에 잠기는 섬나라   63

착하기도 나쁘기도 한 이산화탄소   65

좀 더 알아볼까요? 조선 시대에도 빙하기가 있었다고요?   68

잠깐! 퀴즈   70

3장 기후가 우리의 삶을 위협해요.

기후 변화가 가져온 이상 기상 현상   74
전염병의 발생   75
육식을 줄여야 하는 이유   77
지구를 병들게 하는 햄버거   79
커피와 초콜릿   82
농작물 피해와 굶주림   84
캐시미어와 황사   86

🌈 좀 더 알아볼까요? 미세먼지의 원인은 뭘까요?   90
☂ 잠깐! 퀴즈   92

4장 앞으로 지구는 어떻게 될까요?

위험한 북극   96
동물 생태계의 혼란   99
기후 난민 북극곰   102
바닷속의 변화   106

30년 뒤의 세상   109
좀 더 알아볼까요? 지구 온난화가 계속되면 어떻게 될까요?   112
잠깐! 퀴즈   114

5장 기후 변화를 막기 위해 노력해요.

지금은 '인류세'   118
기후 변화에 맞서서 해야 할 일들   119
전 세계의 노력   120
선진국과 개발도상국   122
파리 협정을 탈퇴한 미국   123
왜 2℃일까?   125
신재생에너지의 개발   126
우리가 할 수 있는 일   128
실천이 중요   132
좀 더 알아볼까요? 기후 변화를 막기 위한 10대들의 노력   134
잠깐! 퀴즈   136
독후토론   138

책을 읽기 전에 생각 나누기

 지아: 아, 날씨가 너무 더워. 수영장 가고 싶다. 다들 뭐해?

 정우: 나도 오늘 집에서 하루 종일 에어컨 틀고 늘어져 있었어. ㅠㅠ

 서빈: 좋겠다. 우리 엄만 에어컨 절대 못 틀게 해. 틀지도 않을 걸 왜 샀는지… 지금도 너무 더워서 선풍기 앞이야.

 정우: 그런데 날이 갈수록 더 더워지는 것 같아. 이러다간 우리나라가 열대 지방 되겠어.

 지아: 그게 바로 지구 온난화 때문이잖아.

 서빈: 와, 지구 온난화? 너 되게 똑똑하다.

 지아: 뭘, 이 정도 가지고. 지구가 더워져서 북극의 빙하가 녹고, 이상 기후 때문에 자연 재해도 자주 일어나는 거지. 얼마 전에 선생님이 설명해 주셨는데… 잊었구나? 흐.

 정우: 아, 그랬나? 지아가 설명해 주니 귀에 쏙쏙 들어오네. 너 나중에 선생님 해라. 네가 가르치면 아이들이 진짜 좋아하겠어.

 지아: 미안. 내 꿈은 만화가인걸? ㅎ

 서빈: 아, 엄마가 아이스크림 사가지고 오셨어! 난 그럼 20000!

 정우: 호~ 맛있겠다! 에이, 아이스크림도 없는 난 에어컨 온도라도 팍팍 틀어야지~.

 지아: 뭐라고? 에어컨이 전기를 엄청 쓰잖아. 그러면 결국 지구 온난화가 심각해지는 거야. 앞으로 더 더워질지도 모른다고! 지구를 지키는 마음으로 실내온도는 25℃로 맞춰~~~

 정우: 아 몰라. 내가 더운데 지구까지 생각해야 해? 그리고 지아야. 너 선생님 되라는 말 취소. 잔소리가 많아 아이들이 피곤할 거 같아. ㅎ

 지아: 뭐라구!

기후와 날씨

우리가 살고 있는 지구는 암석과 공기, 물 그리고 살아 있는 생물 등으로 이루어져 있어요. 암석은 우리가 밟고 있는 땅을 이루고(암석권), 공기는 숨 쉬는 대기를 이뤄요(대기권). 물은 바다, 하천, 호수를 이루기도 하고(수권), 저 먼 북극의 눈과 얼음, 빙하를 만들기도 하지요(빙권). 여기에 동물, 식물 그리고 사람이 어우러져 살고 있어요(생물권). 지구의 기후는 이렇게 암석권, 대기권, 수권, 빙권과 생물권이 서로 영향을 주고받으면서 만들어진답니다.

그런데 기후와 날씨가 어떻게 다르냐고요?

우리는 자주 기후와 날씨를 섞어 사용하지만, 이 둘은 조금 달라요. 날씨는 그날의 하늘 상태를 말해요. 지구를 둘러싸고 있는 공기의 상태지요. 다른 말로는 '대기' 상태라고도 해요. 오늘 덥거나 춥거나 비가 오거나 바람이 부는 것을 통틀어 말해요. 날씨는 '기상' 또는 '일기'라고도 하지요. "기상청에서 날씨를 전해 드립니다."라는 말 들어 보았지요? '기상청'은 기상, 그러니까 날씨를 관측하고 앞으로의 기상을 미리 알려 주는 곳이에요.

그렇다면 기후란 뭘까요?

날씨를 어떤 한 지역에서 오랜 기간 살펴보면, 주기적으로 바뀌고

있다는 것을 알 수 있는데, 이런 날씨의 평균값을 기후라고 해요. 기후는 보통 30년 이상 관측한 평균을 가지고 따지지요.

 예를 들어 우리나라는 일반적으로 여름에는 덥고 비가 많이 내리고, 봄과 가을에는 햇빛이 강하고 하늘이 맑고, 겨울에는 춥고 눈이 내리지요? 이렇게 계절별로 날씨의 특징을 말할 수 있는 건, 수십 년 동안 우리나라가 그 계절에는 이런 날씨가 평균적으로 이어졌기 때문이에요. 이처럼 어느 지역의 날씨가 어떠하다라고 말할 수 있는 것, 그것이 기후예요.

기후 변화와 이상 기상

　기후 변화가 일어났다고 하면, 최소한 30년 동안의 기후가 달라졌다는 말이에요. 이에 비해 이상 기상이라는 것은 월평균기온이나 월강수량 등이 30년에 한 번 일어나는 정도로 특이하게 나타나는 현상이지요.

　갑자기 100년 만에 큰 비가 쏟아졌다든가, 폭염이나 혹한이 예년보다 오래 이어지고 있다는 말을 뉴스에서 들어본 적이 있지요? 최근 지구촌 곳곳에서는 이상 기상 현상이 자주 일어나고 있어요. 이유는 지구촌의 기후가 변화하고 있기 때문이에요. 그 원인의 하나로 '지구 온난화'를 눈여겨보고 있지요.

　그렇다면 지구 온난화란 무엇일까요?

　이를 알아보기 위해서는 먼저 기후 변화가 왜 일어나는지부터 알아야 해요. 기후 변화는 지구가 만들어지고부터 계속되어 온 자연스러운 현상이에요. 지구가 탄생하고 나서 지금까지 46억 년 동안 태양 활동, 지구의 움직임, 화산 활동, 산불 등에 따라 기후 변화가 있었어요.

　하지만 18세기 말에 영국에서 산업 혁명이 일어난 이후로 짧은 시간 동안 지구의 기후가 크게 바뀌었어요. 자연적인 상태에서는 지구 전체의 기후가 변화하는 일이 몇 만 년에 한 번 정도 일어났는데, 최

지구가 생기고 지금까지 태양의 움직임이나 화산 폭발 등으로 기후 변화가 있어 왔어요.

근 백 년 동안 기후가 빠르게 변화하고 있는 거예요.

그런데 산업 혁명과 기후 변화는 어떤 관계가 있을까요?

산업 혁명이 일어나기 전까지 사람들은 집집마다 농사를 짓고 가축을 길러서 잡아먹고, 옷감도 직접 짜고 옷도 직접 만들어서 입는 삶을 살았어요. 하지만 산업 혁명이 일어난 뒤로는 공장이 생기면서 그곳에서 옷이나 생필품을 만들고, 사람들은 가게에서 그걸 사서 입거나 먹었어요.

공장이 생기면서 공업이 농업보다 경제생활에서 더 중요하게 되었

지요. 시골에서 농사를 짓던 사람들이 공장이 있는 도시로 올라와 일하게 되었답니다. 그러자 도시에는 사람들이 많아지고 건물도 세워지고 점차 복잡해졌어요. 이것을 '도시화'라고 해요.

공장에서 물건을 만들고, 가정에서 사용하는 전기를 만들기 위해서는 석유나 석탄 같은 화석 연료를 태워 에너지를 만들어야 해요. 바로 그때 지구를 덥히는 이산화탄소나 메탄 같은 기체가 나와요. 또 공장에서 물건을 만들기 위해 기계를 돌리면 매연도 생기지요. 공장을 세우고, 도시로 올라온 사람들이 살기 위해서 도시 주변에 있던 숲이나 논과 밭을 밀어 버리고 집, 농장, 공장 등을 새로 짓게 되었지요. 그러면서 우리들이 배출하는 이산화탄소를 마시고 산소를 내보내 주는 나무들이 많이 사라지게 되었어요. 이런 일들이 계속되자 결국 공기 중에 이산화탄소나 메탄가스 같은 온실 기체가 많아졌어요.

이산화탄소나 메탄가스가 지구에 해로운 거냐고요?

늘 그렇지는 않아요. 지구는 '대기'라는 공기층에 둘러싸여 있어요. 대기는 질소와 산소를 비롯해 이산화탄소, 오존, 메탄 같은 기체들로 이루어져 있지요. 태양으로부터 온 빛은 지구의 대기를 지나서 땅으로 날아와요. 그 가운데 일부가 하늘로 다시 반사되는데, 이때 대기층에 있는 이산화탄소와 메탄가스가 태양 빛이 우주로 빠져 나가는 걸 막아 줘요. 뜨거운 태양 빛을 대기에 가두는 거예요. 지구가 내보내는 적외선도 가두고요.

따뜻한 지구를 만드는 온실 효과

이런 대기의 역할 때문에 지구는 너무 춥거나 덥지 않게 기온이 조절되고 있어요. 이런 현상을 '온실 효과'라고 불러요. 대기가 온실 유리처럼 태양 에너지를 통과시키고, 지구에서 나가는 태양 에너지를 막아 준다고 해서 온실 효과라고 부른답니다. 그리고 에너지를 통과시키지 않고 막아 주는 이산화탄소와 메탄가스 같은 기체를 '온실 기체'라 불러요.

온실 효과가 없어서 빛이 모두 지구 밖으로 나가 버린다면 지구는 지금보다 훨씬 추워질 거예요. 예를 들어 달은 대기가 없어서 온실 효과가 일어나지 않아요. 그래서 태양이 비추는 쪽은 100℃가 넘지만, 태양이 비추지 않는 곳은 영하 150℃보다 낮아서 생물이 살 수가 없어요.

온실 효과는 우리가 지구에서 살아가기 위해 꼭 필요하답니다. 온실 효과가 없다면 지구의 어느 곳은 너무 춥고, 어느 곳은 너무 더워서 사람이 살 수 없을 거예요.

지구 온난화의 이유

그런데 문제는 산업화와 도시화 그리고 인구가 갑자기 늘면서 이산화탄소나 메탄가스 같은 온실 기체가 너무 많아졌다는 거예요. 지구가 스스로 기온을 조절할 수 있는 정도를 넘게 된 거죠. 그 결과 지구 전체의 평균 기온이 올라가 버렸답니다. 이것을 '지구 온난화'라고 해요.

결국 지금의 지구 온난화는 자연 현상 때문에 일어나는 온실 효과가 아니라, 인간 때문에 생겨난 거예요. 지난 100년 동안 지구의 평균 기온은 0.7℃에서 1℃ 정도 올랐어요. 우리나라의 평균 기온은 1.5℃ 올랐고요. 우리나라가 전 지구 평균 기온의 두 배 정도 오른 셈이지요.

이런 질문을 할지 모르겠네요. 지구의 기온이 고작 1℃ 정도밖에 안 올랐는데 무슨 문제냐고요?

평균 기온이 올랐다는 말은 지구의 기온이 전체적으로 함께 올랐다는 말이에요. 어떤 지역의 기온이 잠깐 올랐다는 말이 아니에요. 평균 기온이 1℃ 올랐다고 해도 어느 곳은 5℃가 오르고, 어느 곳은 기온이 3℃가 내려갔을 수도 있어요. 기온이 크게 달라진 지역의 사

람들은 무척 힘들겠지요? 우리도 여름철에 30℃ 정도는 참을 만하지만 33℃가 넘으면 너무 덥고 답답해서 밖에서 놀기도 어렵잖아요. 2~3℃의 기온 차이는 무척이나 큰 것이랍니다.

그렇다면 기온이 바뀐 지역만 문제라고 생각하는 친구도 있겠지요? 조금만 생각해 보면 그렇지 않다는 걸 알 수 있을 거예요. 세상의 모든 나라는 보이지 않는 끈으로 이어져 지구촌을 이루고 있어요. 한 지역의 기후만 바뀌어도 금방 전 세계에 영향이 미칠 수밖에 없지요. 게다가 지금은 전 지구적으로 지구 온난화가 일어나 기후가 전체적으로 변하고 있기 때문에 문제가 더욱 커요. 한 곳에서 시작된 나비의 날갯짓이 지구 반대편에서는 큰 태풍을 일으키는 나비효과처럼요.

기후 변화는 폭염, 혹한, 태풍 등을 일으킬 수 있어요. 이런 일이 일어나면 수재민이 생기고, 집도 부서지고, 죽거나 다치는 사람도 많아요. 우리나라에서도 매년 여름이나 초가을에 큰 태풍이 덮치면 많은 재산 피해가 나오기도 하지요. 또 겨울에는 폭설이 내려 어느 마을이 고립되었다, 너무 추워 수돗물이 나오지 않는다, 가게의 음료수 병이 얼어서 깨졌다는 뉴스도 볼 수 있어요. 태풍이나 폭설 때문에 도로에 차가 다니지 못하도록 경찰들이 통제하기도 하고, 심하면 어린이들이 다치지 않도록 휴교령이 내려 학교에 가지 않기도 하지요.

이렇게 기후는 우리에게 많은 영향을 미쳐요. 그런데 사람에게만 그럴까요?

기후 변화는 동식물에게도 영향을 미친답니다. 동식물이 사는 곳, 먹는 것, 살아가는 방식 등에 영향을 미치고, 어떤 동식물을 멸종에 이르게 할 수 있어요. 우리 인간도 마찬가지고요. 이처럼 지구 온난화는 인류가 살아가는 데 큰 영향을 준답니다.

어떤 과학자들은 지구 온난화 때문에 지구의 기온이 올라간 것이 아닐 수도 있다고 주장해요. 하지만 이런 과학자들도 지구 온난화가 인간과 자연 생태계에 영향을 미친다는 점은 인정하고 있어요.

과거의 지구 모습

영화 〈투모로우〉는 지구에 갑자기 빙하기가 닥쳐오는 상황을 그린 내용이에요. 북극의 빙하가 녹고 바닷물이 차가워지면서 바닷물의 흐름이 바뀌게 되고, 결국 지구 전체에 빙하 시대가 닥치게 되는 위기 상황이지요. 등장인물들은 갑자기 추워진 날씨에 얼어 죽거나 다치고, 따뜻한 남쪽 나라로 떠나기도 하지요.

반대로 영화 〈워터 월드〉는 빙하가 녹으면서 바닷물의 높이가 올

라가 지구의 낮은 곳이 전부 물에 잠긴 뒤에 살아가는 인류의 모습을 보여 줘요. 여기서 사람들은 인공 섬을 만들어 살고, 거기에 들어가지 못한 사람들은 바다 위에서 살면서 해적이 되지요. 이 영화들을 보면 지구 온난화로 인한 기후 변화가 우리에게 어떤 영향을 끼치는지 짐작할 수 있어요.

정말로 기후 변화가 영화처럼 우리가 살고 있는 곳을 바꿀 수 있을까요? 사는 곳이 다르면 먹는 것도, 입는 옷도, 살고 있는 집의 모양도 모두 달라지지요. 우리가 잘 느끼지 못하지만, 이렇듯 기후는 우리가 살아가는 모습에 많은 영향을 미친답니다.

인류는 500만~300만 년 전에 처음 지구상에 등장했어요. 처음에는 아프리카 대륙에 살았다가 12만~9만 년 전쯤 아라비아 반도로 이동했어요. 그때의 아프리카는 지금과는 무척이나 달랐어요. 숲이 우거지고 강물이 흐르고 기온도 따스했지요. 그러다가 비가 덜 내리고 기온이 낮아지고 대기가 건조해지면서 사막이 넓어졌어요. 구석기 시대에 인류는 숲의 식물과 열매를 따 먹고, 동물을 사냥하면서 살았기 때문에 나무와 풀, 물이 많은 곳을 찾아다니다가 숲과 강이 풍부한 아시아와 유럽, 아라비아 반도로 옮겨 가게 된 것이지요.

그때 바다의 높이는 지금보다 100~140미터 정도 낮았고 바다가 아니라 얼음으로 된 곳이 많아 인류가 아시아에서 아메리카로 건너갈 수 있었던 거지요.

역사를 바꾼 기후

　기후는 인류가 사는 곳만 결정할까요? 그렇지 않아요. 기후는 우리가 먹는 것도 바꾸고, 생활 방식도 바꾸지요. 구석기 시대에 인류는 식물과 열매를 따 먹고 동물을 잡아먹으며 살았지만, 신석기 시대에는 농사를 짓고 가축을 길러서 곡물과 고기를 먹을 수 있게 되었어요. 마지막 빙하기가 끝나고 기후가 따뜻해지고 농업 기술이 발달했기 때문이에요. 사냥 거리를 찾아 떠돌던 인류는 농사를 지으면서 한 곳에서 정착해 살게 되었어요. 그러면서 점점 인구가 늘었지요.

　16세기 말에서 19세기 초 지구에는 소빙기가 찾아왔어요. 소빙기는 작은 빙하기라는 뜻으로, 지금보다 평균 기온이 1℃ 정도 낮은 시기예요. 앞에서 지난 100년 동안 지구의 기온이 0.7℃ 정도 올랐다고 했지요? 전 지구적으로 생각해 보았을 때, 왜 1℃도 안 되는 기온 차이가 그토록 중요한지 이제부터 알 수 있을 거예요.

　소빙기 때 유럽, 아시아, 북아메리카 대륙에서는 빙하가 더 두껍고 더 넓어졌으며, 강이 자주 얼었어요. 빙하가 넓어지니 농사를 지을 땅이 부족해지고, 날씨가 추워 작물도 잘 자라지 않았지요. 홍수와 가뭄도 자주 일어났고, 겨울은 훨씬 길어졌어요. 그러니 식량이 부족해져 굶어 죽는 사람이 늘었답니다. 먹고사는 일이 어려워지자 범죄

기후가 따뜻해지고 농업기술이 발달하면서 농사도 짓고 정착해서 살게 돼요.

가 늘어나고 사회가 혼란해졌어요. 또한 농사지을 땅을 차지하기 위해 나라들끼리도 전쟁을 벌이게 되었지요.

이 시기에 몽골 사람들은 유럽 쪽으로 퍼져 나가게 되었어요. 몽골 사람들은 드넓은 초원에서 말과 양을 키우며 사는 민족이었어요. 따라서 초원이 있는 곳으로 옮겨 다니며 살았지요. 이런 생활을 유목 생활이라고 하고, 이런 생활을 하는 사람들을 유목민이라고 해요.

유목민인 몽골 사람들은 초원이 줄어들자 서쪽으로 이동을 시작했어요. 그러면서 중국 대륙은 물론 동유럽 대륙까지 퍼져 나가게 되었지요. 몽골인들이 이동하면서 중국에서 발명된 화약, 종이 등이 서양에 전해졌고, 이런 도구들은 서양의 과학과 문화예술이 발전하는 데 큰 도움을 주었지요. 이처럼 기후는 인류가 사는 곳과 생활 방식에 영향을 미치고 역사와 문명을 만드는 중요한 요소랍니다.

다양한 기후

지구상에는 수많은 나라가 있어요. 모든 나라는 자기들만의 독특한 기후를 가지고 있어요. 그 이유는 나라마다 지구 위에서 다른 위치에 자리 잡고 있어서예요. 위치에 따라 햇빛을 더 많이 받기도 하고 덜 받기도 하고, 또 바닷가에 있느냐 아니냐에 따라 기온, 내리는 비의 양, 바람의 세기와 방향, 습도까지 다 달라요.

독일의 기후학자 쾨펜은 지구의 기후를 구분했어요. 그는 계절마다의 기온, 한 해 동안 내리는 강수량, 습도 등에 따라서 지역마다 제각각 다른 식물이 자라고 있다는 것을 알았어요. 그리고 그것을 바탕으로 기후를 나누었어요. 크게 열대 기후, 건조 기후, 온대 기후, 냉대 기후, 한대 기후의 다섯 가지예요.

더운 나라의 기후

열대 기후는 평균 기온이 18℃ 이상으로 무척 더운 곳이에요. 적도를 지나는 곳에 있어서 태양이 높고 태양 에너지를 많이 받지요. 열대 기후는 계절이 두 가지랍니다. 비가 많이 내리지 않고 조금 덜 더운 겨울인 '건기'와 비가 많이 내리고 무더운 여름인 '우기'예요.

건조 기후는 식물이 자라지 못할 정도로 비가 적게 내리는 곳, 그러니까 사막 같은 곳을 말해요. 보통 사막이라면 일 년 내내 덥기만 할 것이라고 생각하지만, 낮과 밤의 기온 차이가 무척이나 커서 낮에는 무척 덥고, 밤에는 추워요.

사계절이 있는 기후

온대 기후는 가장 추운 달도 평균 기온이 18℃에서 영하 3℃ 이상인 기후예요. 북위 30도~50도 사이에 있는 나라가 여기에 속해요. 봄, 여름, 가을, 겨울의 사계절이 뚜렷하고, 겨울에는 춥고 건조하고, 여름에는 덥고 습하지요.

가장 추운 달의 평균 기온이 영하 3℃ 이하로 내려가고, 가장 따뜻한 달에도 평균 기온이 10℃ 정도로 쌀쌀한 곳은 냉대 기후라고 해요. 겨울이 길고 추우며, 여름도 그리 덥지 않고 무척 짧지요.

추운 나라의 기후

한대 기후는 너무 추워서 식물이 자라지 못하는 곳이에요. 가장 따뜻한 달에도 기온이 영하 10℃ 이하니까요. 북극이나 남극을 생각하면 되지요.

각 기후대는 한 해 동안의 강수량에 따라 또다시 나누어지고, 다시 한번 따뜻한지 추운지 정도에 따라 한 번 더 나누어져요. 예를 들면 열대 기후는 강수량에 따라 열대 우림과 열대 몬순, 사바나로 나뉘고, 한대 기후는 식물이 자랄 수 있는지를 기준으로 큰 나무는 자라지 못하고 풀들이 주로 자라는 툰드라와 얼음과 눈으로 덮인 빙설 기후로 나뉘어요.

우리나라의 기후

우리나라는 열대와 한대 사이에 있는 온대 기후예요. 온대 기후는 자연의 혜택을 가장 많이 받아 사람들이 살기 알맞은 기후예요. 우리

나라만이 아니라 서유럽, 동아시아, 아메리카 대륙 동부와 서부 해안, 오스트레일리아 동부, 아르헨티나 동부 등이 온대 기후를 나타내지요.

우리나라의 기후를 잘 살펴보면 온대 기후가 어떠한지 알 수 있을 거예요. 먼저 우리나라는 사계절이 뚜렷해요. 겨울에는 대륙성 고기압의 영향으로 춥고 건조하며, 여름에는 북태평양 고기압 때문에 기온이 높고 습하며, 봄과 가을에는 이동성 고기압의 영향으로 맑고 건조하지요.

우리나라의 기후 변화

우리나라는 전형적인 온대 기후이지만 최근 들어 평균 기온이 점점 높아지고, 강수량이 많아지면서 남부 일부 지방은 열대 기후와 온대 기후 중간의 아열대 기후로 바뀌고 있어요. 강수량이 뭐냐고요? 일기예보를 보면 비가 올 때 "강수량이 몇 밀리미터입니다."라고 말하지요? 보통 '강수량'이라고 할 때 비의 양이라고 생각하지만, 조금 더

정확히 말하자면 '강수'란 하늘에서 내리는 물방울을 모두 말하는 거예요. 눈, 안개, 비, 구름에서 생긴 얼음 조각인 우박까지 포함해서요.

최근에는 겨울에 비정상적으로 기온이 떨어지는 이상 한파, 겨울인데도 춥지 않고 기온이 높은 이상 난동, 여름에 기온이 높게 올라가는 폭염 등이 일어나고 있어요.

이런 기후 변화와 이상 기후를 일으키는 원인의 하나가 지구 온난화예요. 지난 100년 동안 지구가 따뜻해지면서 우리나라에서도 기온, 강수량, 바람, 태풍, 바다 온도, 해수면 높이 등이 많이 달라졌어요. 지구는 여러분이 이 책을 읽고 있는 순간에도 계속 뜨거워지고 있어요. 이런 기후 변화는 앞으로도 계속 이어질 거예요. 그러면 이 책을 읽는 친구들이 할머니, 할아버지가 되었을 때 우리나라의 모습이나 계절, 사는 지역과 생활하는 방식이 지금과는 무척이나 달라질 수 있겠지요?

🇫🇷 파리 기후 변화협정

　오늘도 지구촌 곳곳에서는 이상 기상 현상으로 많은 피해를 입고 있어요. 때문에 전 세계적으로 기후 변화 문제를 해결하고, 또 변화하는 기후에 어떻게 대비할지 미리 준비해야 한다는 목소리가 커지고 있지요. 다행히 국제연합인 유엔(UN)과 세계기상기구가 힘을 모아 기후 변화에 대응하려고 기후 변화에 대한 국가간협의체(IPCC)를 만들었답니다.

　기후 변화에 대한 국가간협의체는 많은 과학자와 정책 결정자들이 함께 기후 변화에 대해 연구하고, 어떻게 대비할지를 준비하는 기관이에요. 여기에서는 유엔기후변화협약이 기후 변화가 왜 나타나고, 어떤 영향을 미치고, 어떻게 해결할 수 있을지 탐구하여 〈기후변화평가보고서〉를 펴내고 있어요. 2014년 기후변화평가보고서에는 1958년 이후로 대기 중의 이산화탄소 농도가 계속 증가하고 있다고 밝혔는데요, 이 연구를 바탕으로 다음 해에 '파리 기후변화협정'이 맺어졌답니다.

　파리 기후변화협정은 파리협정 또는 신기후체제라고 부르는데, 기후에 관한 국가들 사이의 약속이에요. 2015년 프랑스 파리에서 유엔기후변화협약 당사국총회가 열렸어요. 여기에서 195개국이 산업 혁명 이전과 비교해 지구의 평균 기온이 2℃ 이상 올라가지 않도록 모두 온실 기체 배출량을 점차적으로 줄여 나가기로 약속했어요.

　예를 들어 이 협정에 따라 미국은 2024년까지 온실 기체를 현재보다 26~28퍼센트를 줄이고, 유럽연합 국가들은 2030년까지 40퍼센트를 줄이는 노력을 해야 해요. 무척이나 많은 노력이 필요하겠지요? 기후 변화가 국제적인 문제가 되었고, 앞으로 2℃ 이상 지구의 기온이 오르면 심각한 재난이 일어날 거라고 전 세계가 생각하고 있다는 것이지요.

기후 변화를 막기 위한 노력

　기후 변화에 대한 국가간협의체 등 국제기구만 이런 노력을 하고 있느냐고요? 그렇지 않아요. 수많은 국제기관들과 전문가들이 기후 변화 문제를 고민하고 있답니다. 스웨덴 스톡홀름 대학의 전문가들이 지구 생태계가 얼마나 건강한지를 평가했는데, 특히 기후 변화, 생물 다양성이 줄어드는 것, 질소 순환 등이 위험한 수준에 있다는 것을 알아냈어요. 앞으로 이런 문제가 넘기 어려운 큰 위험이 될 수 있다는 말이지요.

환경과 관련된 단체만 이런 이야기를 하는 것은 아니에요. 경제협력개발기구(OECD)는 세계 경제의 발전과 인류의 복지를 위한 대책을 세우려고 만들어진 기관이에요. 여기서는 기후 문제가 장차 세계 경제에 큰 영향을 미칠 것이라고 보고 있어요. 또 2030년까지 10대 미래 기술이 발전하는 데 필요한 것들을 꼽았는데, 기후 변화와 환경, 천연자원, 에너지 등이 포함되어 있답니다. 인류가 잘 살아가기 위해 기후 변화와 환경 문제에 관심을 가지고 문제를 해결해야 한다는 말이지요. 이에 따라 OECD는 온실 기체 배출을 줄이면서 앞으로의 기후 변화와 재앙에 대비해야 한다고 설명했어요.

세계적으로 가난하고 굶주린 사람들을 없애기 위해 세워진 세계은행 역시 기후 변화를 눈여겨보고 있어요. 요즘 동태평양 적도 지역의 넓은 바다에서 바닷물의 온도가 꾸준히 높아지고 있는 엘니뇨 현상이 일어나고 있거든요.

엘니뇨 현상은 홍수와 가뭄, 폭설, 태풍의 원인이 되기도 해요. 따뜻해진 바닷물 때문에 물고기들이 살지 못하게 되는 것뿐만 아니라, 홍수나 가뭄을 일으켜서 농업에도 큰 피해를 주니까요. 또한 이런 자연 재해들로 인해 많은 사람들이 죽거나 다치고, 집이 무너져 살지 못하게 되기도 해요.

세계은행은 이대로 기후가 계속 변화하면 2050년까지 13억 명이나 되는 사람들이 자연 재해로 인해 죽거나 다칠 위험에 놓이게 된다고 생각해요. 전 세계 인구가 77억 명 정도이고, 우리나라의 인구가 5천 200만 명 정도인 것을 생각하면 굉장히 많은 사람들이 위험하다는 말이지요. 또한 경제 활동에도 큰 피해를 줄 것으로 보고 있지요.

매년 초 스위스의 작은 휴양 도시 다보스에서는 기업가, 정치가, 언론인, 과학자 등이 모여 그 해의 경제와 관련된 다양한 주제에 대해 토론을 해요. 이것이 세계경제포럼인데, 여기에서도 지구를 가장 크게 위협하는 요소로 기상 이변을 꼽았답니다.

우리나라에서도 기후로 인한 재난을 당했을 때를 위해 국가적으로 대비하고, 미리 기후 변화를 예측할 수 있게 하는 조기 경보 시스템을 갖추어 나가고 있답니다.

이렇듯 기후 변화는 최근 전 세계적으로 가장 중요한 문제가 되고 있어요.

자, 이제 우리도 지구 온난화와 기후 변화에 관심을 가지고, 이 문제를 위해 생활 속에서 작은 노력을 해야겠지요? 그러기 위해서 이제부터 기후가 어떻게 변화하고, 우리에게 어떤 영향을 주며, 우리가 기후 변화를 막기 위해 어떤 노력을 해야 할지 하나씩 알아보도록 해요.

가뭄

눈사태

태풍

홍수

날씨는 어떻게 만들어지나요?

날씨는 대기의 활동으로 나타나요. 대기는 지구를 둘러싸고 있는 공기층인데, 주로 질소와 산소로 이루어져 있어요. 산소가 가득한 대기가 없다면 우리들은 지구에서 살아갈 수 없을 거랍니다.

날씨에 영향을 미치는 것을 기상 요소라고 하는데, 기상 요소는 크게 기온, 강수, 바람, 햇볕 등을 꼽을 수 있어요.

지구상에 있는 모든 나라들의 기온은 똑같지 않아요. 태양으로부터 받는 빛의 양이 다르기 때문이에요. 위치에 따라서 햇빛을 받는 양이 달라지거든요. 왜냐고요? 지구가 둥글기 때문이지요. 적도에 가까운 곳은 태양으로부터 햇빛을 많이 받고, 위도가 올라갈수록 햇빛을 덜 받지요.

비, 눈 같은 강수 역시 마찬가지예요. 더운 지역에서는 공기 중으로 수분이 많이 증발해 비가 많이 내리고, 추운 지방에서는 수분이 적게 증발해 비나 눈이 적게 내리지요. 강수가 많은 곳은 숲이 우거지고, 강수가 적은 곳은 사막이 되지요. 또 그렇다면 사막 쪽에서 불어오는 바람은 습기가 없어 건조하고, 해안 쪽에서 불어오는 바람은 습하겠지요?

이처럼 기상 요소에는 그 나라가 위치한 위도, 땅의 생김새, 바다와 얼마나 떨어져 있느냐와 같은 것이 영향을 미쳐요. 이를 지리적인 요인이라고 하고, '기상 인자'라고도 불러요.

또 지형에 바다나 호수가 얼마나 많은지, 사막이 있는지, 바다에 둘러싸여 있는지, 대륙 안쪽에 있는지에 따라서도 강수량이 달라져요. 이렇게 기상 요소와 기상 인자가 서로 어우러져서 하루하루 날씨가 만들어진답니다.

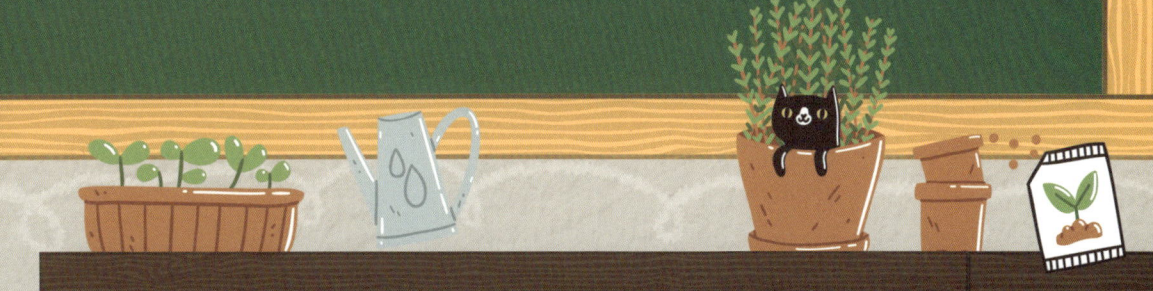

1
날씨는 그날 하루의 하늘 상태이고, ☐ 는 그 지역 날씨들의 평균값이에요.

2
지구에서 짧은 시간 동안 기후가 크게 바뀐 계기가 된 사건은 18세기에 일어난 ☐ 이었어요.

3
대기가 온실 유리처럼 태양 에너지를 통과시키고, 지구에서 나가는 태양 에너지를 막아 주는 작용을 ☐ 라고 부른답니다.

4 기후 변화는 동식물에게도 영향을 미친답니다. 우리는 물론 동식물들이 사는 곳, 먹는 것, 살아가는 방식 등에 영향을 미치고, 어떤 동식물을 ☐ 에 이르게까지도 할 수 있어요.

5 독일의 기후학자 쾨펜은 지구의 기후를 크게 다섯 가지로 나누었어요. 열대 기후, 건조 기후, 온대 기후, 냉대 기후, ☐ 예요.

1. 기후 2. 산업 혁명 3. 온실 효과 4. 멸종 5. 한대 기후

2장

기후 변화는 왜 일어날까요?

기후 변화는 자연스러운 현상

　기후는 지구가 만들어진 뒤로 계속 변화하고 있어요. 여러분이 이 책을 읽고 있는 이 순간에도 기후 변화가 일어나고 있고, 앞으로도 계속될 거예요.

　이렇듯 기후 변화는 자연스러운 현상이지만 짧은 시간 동안, 사람 때문에 크게 변화하는 것은 문제가 됩니다. 그렇다면 기후 변화는 왜 일어나는 걸까요?

　앞에서 기후 변화는 암석권, 대기권, 수권, 빙권, 생물권이 서로 영향을 주고받으면서 일어난다고 했어요. 이것을 자연적 요인이라고 해요. 또 산업 혁명과 도시화와 함께 인구가 늘어나 숲의 나무를 베고, 공장에서 온실 기체를 마구 뿜어내는 것도 기후가 바뀌는 이유입니다. 이것을 인위적 요인이라고 해요. 인간이 만들어 낸 것이라는 뜻이지요.

　먼저 기후 변화를 일으키는 자연적 요인 몇 가지를 살펴볼까요?

가장 중요한 요소, 태양

　지구의 기후에 가장 큰 영향을 끼치는 것은 태양이에요. 태양은 지구에 빛과 열에너지를 보내 주지요. 태양 빛의 일부와 지구가 내보내는 적외선이 지구를 둘러싼 대기에 쌓여 온실 효과가 일어난다고 앞에서 설명했어요. 이때 태양 빛이 더 많이 내리쬐이거나 더 뜨거운 빛을 내보낸다면 대기에 갇힌 열도 더 뜨겁고 양도 많아질 테니 더 더워지지 않겠어요?

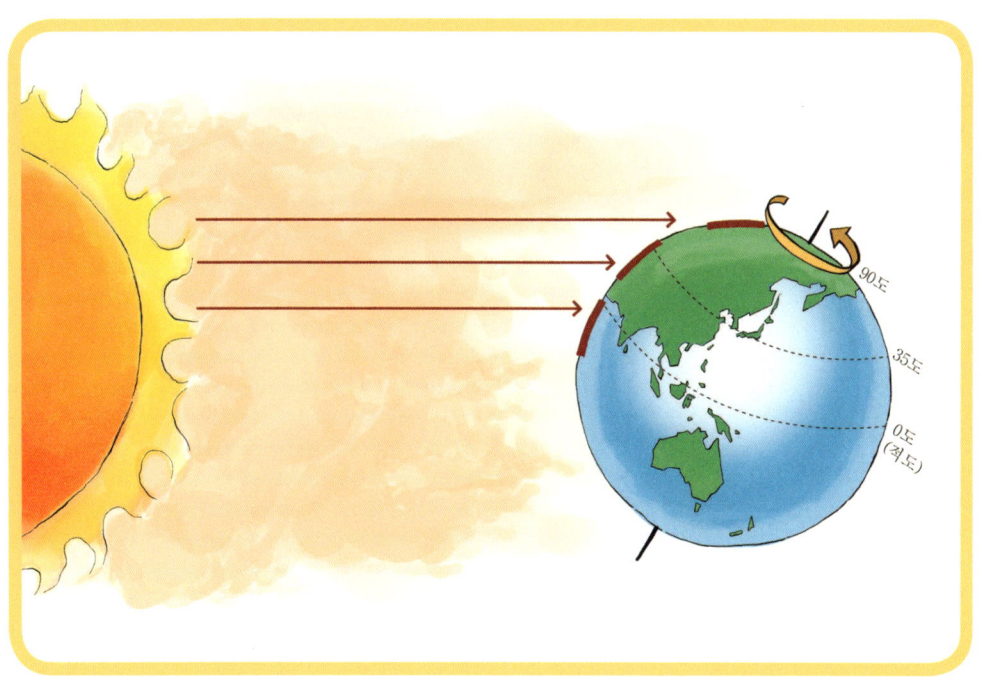

2장 기후 변화는 왜 일어날까요?

태양의 온도는 6,000℃ 정도예요. 태양은 무척이나 커서 위치마다 온도가 조금씩 다르지요. 그 증거는 태양에 있는 '흑점'이에요. 태양 표면을 살피면 다른 곳에 비해 온도가 낮아 어둡게 보이는 부분이 있는데, 까만 점같이 보인다고 해서 흑점이라고 부르지요. 흑점은 11년마다 늘어났다가 줄어들기를 반복하고 있어요. 태양이 활발하게 활동하는 시기에는 지구에 더 뜨거운 빛을 보내 평균 기온이 올라가요. 반대로 흑점의 수가 적어 태양이 활발하게 활동하지 않는 시기에는 덜 뜨거운 빛을 보내 지구의 평균 기온이 떨어져요.

또 태양 빛이 더 내리쬐거나 덜 내리쬔다면 기온도 달라지겠지요? 지구는 둥글기 때문에 위도에 따라 받게 되는 햇빛의 양이 달라요. 위도란 적도를 기준으로 남쪽 끝까지 90도, 북쪽 끝까지 90도로 나누어 위치를 나타내는 것이에요. 위도가 낮으면 태양 에너지를 많이 받고, 위도가 높으면 태양 에너지를 적게 받지요. 그래서 적도 부근의 열대 지역은 극지방보다 햇빛을 세 배 이상 받아요.

지구의 자전과 공전

　지구의 움직임도 태양만큼이나 크게 기후를 변화시키는 또 하나의 원인이랍니다. 지구는 자전과 공전을 해요. '자전'이란, 지구가 고정된 축을 중심으로 스스로 도는 걸 말해요. 지구는 자전을 하면서 동시에 태양 주위를 돌지요. 이것을 '공전'이라고 해요.

　그런데 지구는 똑바로 서서 자전하는 것이 아니라 23.5도 비스듬히 기울어져서 자전을 해요. 이처럼 지구가 기울어서 돌기 때문에 북극이 태양 쪽으로 기울면 남반구는 태양에서 약간 멀어지지요. 그러면 북극은 태양 빛과 열을 훨씬 많이 받게 되니 여름이 오고, 남극은 태양 빛과 열을 덜 받게 되니 겨울이 되는 거죠. 그래서 북반구와 남반구의 계절은 반대예요. 우리나라가 가을이면 오스트레일리아는 봄이지요. 이렇게 공전과 자전, 자전축의 기울기 때문에 계절 현상이 일어난답니다.

　또 지구의 공전과 자전은 빙하기와도 관련이 있어요. 지구의 공전 궤도는 10만 년마다, 자전축은 4만 1천 년마다 아주 조금씩 바뀌어요. 이때 지구가 받는 태양의 복사에너지도 변하게 되는데, 이 때문에 지구에는 10만 년마다 추운 빙하기와 따뜻한 간빙기가 번갈아 가면서 나타나게 되었어요.

화산 활동

　세 번째로 지구의 기후 변화에 영향을 미치는 건 화산 활동이에요. 화산이 폭발하면서 화산재와 먼지가 하늘을 뒤덮으면, 태양 빛이 지구의 대기 안으로 들어오지 못해요. 거대한 화산이 폭발하면 재와 먼지가 몇 달에서 몇 년 동안 대기에 쌓이기도 하거든요. 이렇게 오랫동안 태양 빛이 지구의 대기를 통과하지 못하면 지구의 기온이 크게 떨어져요. 여러 개의 핵폭탄이 터져도 먼지가 많아져 기온이 크게 떨어질 수 있어요.

　세계의 역사를 살펴보면 화산이 폭발해서 지구 온도가 1℃ 넘게 떨어지고, 농업과 생태계가 무너진 일이 여러 번 있었어요. 대표적으로 1812년에 대서양 카리브해 서인도제도의 수프리에르 화산이, 1814년에는 필리핀의 마요르 화산이, 1815년에는 인도네시아의 탐보라 화산이 연이어 폭발했어요. 그래서 1816년은 '여름이 없는 해'라고 불릴 정도로 기온이 뚝 떨어져 사람도 농작물도 큰 피해를 입었어요. 1991년 필리핀의 피나투보 화산이 폭발했을 때도 그 뒤로 2년 동안 지구 온도가 1℃ 이상 내려갔지요.

바닷물의 온도

네 번째로 바닷물의 온도 변화와 흐름도 기후 변화에 영향을 미친답니다.

바닷물이 지구를 여기저기를 옮겨 다니면 대기 중의 열과 습기도 따라 움직이거든요. 공기나 물은 뜨거울 때는 위로 올라가고, 차가우면 아래로 내려가는 성질이 있어요. 바닷물은 태평양과 인도양에서 생겨난 무더위를 북대서양 방향으로 실어 나르고, 그 아래 차가운 물은 반대 방향으로 흘러 보내요.

그런데 바닷물의 온도가 바뀌면 자연스럽게 바닷물의 방향이 바뀌고, 그러면 위를 부는 바람의 방향도 달라져요.

바닷물 온도에 따라 이상 기상이 생기는 현상으로는 대표적으로 엘니뇨와 라니냐가 있어요. 엘니뇨 현상은 적도 아래쪽 동태평양 한류가 지나가는 바다의 수면 온도가 평년보다 0.5℃ 이상 높은 상태를 말해요. 보통 때 같으면 동태평양은 남동 무역풍이 불어 바다 위쪽의 따뜻한 바닷물이 서쪽으로 나가고, 그러면서 바다 깊은 곳에서 찬 바닷물이 솟아올라 돌고 돌지요. 하지만 무역풍이 약해져 위쪽의 따뜻한 바닷물이 서쪽으로 나가지 못하면 깊은 곳의 찬 바닷물도 올라오지 못해 위쪽의 바닷물은 더 따뜻해지지요. 이것이 엘니뇨 현상이에요.

바닷물이 따뜻해지면 수증기가 많이 증발하게 되고 구름이 많이 생겨 비가 많이 내리게 되겠지요? 그래서 엘니뇨 현상이 일어나면 해안 지역에 엄청난 폭우가 쏟아지거나 홍수가 일어나요. 또 서쪽으로는 해류를 타고 무더위가 퍼져 나가고, 원래 밀려와야 하는 따뜻한 바닷물이 밀려오지 않으니 구름이 적어지겠지요. 그래서 서태평양 지역에는 가뭄이 나타난답니다. 이렇게 지구 어느 한 곳에서만 변화가 일어나도 전 세계적으로 큰 문제를 일으키지요.

라니냐는 엘니뇨와 반대의 현상이에요. 무역풍이 평소보다 너무 강하게 불어서 동태평양 해역에서 바다의 수면 온도가 0.5℃ 이상 낮아지는 거지요. 그러면 해안 지역에 한파나 가뭄이 생겨요. 그리고 따뜻한 바닷물이 서쪽으로 많이 밀려가 서태평양 지역에 폭우가 내리고요.

우리나라는 서태평양 지역에 속해 있어서 엘니뇨가 일어나면 가뭄이 나타납니다. 라니냐가 일어나면 비가 많이 내리고요. 이처럼 지구의 땅, 공기, 물, 생물은 부모님과 우리처럼 서로 보이지 않는 끈으로 이어진 공동운명체이지요.

인간의 활동

산업 혁명 이전까지 기후는 이런 자연적인 이유들로 자연스럽게 바뀌어 왔어요. 하지만 산업 혁명과 도시화가 일어나면서 인간이 기후를 크게 바꿔 놓는 시대가 시작되었지요.

산업 혁명은 우리의 생활을 크게 달라지게 만들었어요. 이전에는 마을 사람들끼리 모여 살면서 필요한 음식이나 생필품을 직접 만들어서 생활했다면, 산업 혁명 이후로는 공장에서 물건을 대량 생산했어요. 농사도 큰 농장에서 한꺼번에 많은 양의 곡물과 채소를 재배했고, 가축도 커다란 농장에서 키워 고기를 사람들에게 공급하게 되었지요. 사람들은 직접 농사를 짓는 게 아니라 공장에서 일을 하면서 월급을 받게 되었어요.

산업 혁명으로 지구가 오염되었다고 하면, 먼저 공장을 돌리거나 전기를 사용하기 위해 석탄, 석유, 천연가스 등 화석 연료를 태우는 장면이 떠오를 거예요. 이뿐만 아니라 인구가 늘어나면서 자연이 무척 많이 파괴되었답니다.

땔감이나 물건을 만들 재료로 쓰기 위해, 도시를 세우기 위해, 석탄을 캐기 위해, 공장을 짓기 위해 작물을 재배하기 위해 숲의 나무를 다 베어야 했거든요. 또 농사를 대규모로 지으려면 여러 가지 기계를 사용하게 되는데, 이 기계는 모두 화석 연료를 태워 만든 동력과 전기를 이용해야 했어요.

  공장에서 만들어진 물건을 먼 곳까지 옮기기 위해서도 화석 연료를 사용하는 기차나 자동차가 필요했지요. 가축을 대량으로 키우게 되면서 소, 돼지, 닭고기를 값싸게 먹을 수 있게 되었지만 많은 동물들이 곡물로 만든 사료를 먹고 방귀나 대변을 내보내면서 온실 기체인 메탄가스가 많이 발생하게 되었어요. 되새김질을 하는 소나 양, 염소 같은 반추동물은 위가 4~5개나 되는데, 위에 살고 있는 미생물이 음식물을 분해하는 과정에서 메탄가스가 만들어지거든요.

산업혁명이 일어나면서 인간이 기후를 바꿔 놓았어요.

직접 생산   공장에서 대량 생산

석탄과 석유

화석 연료를 태우면 이산화탄소가 배출되어요. 동물은 산소를 마시고 이산화탄소를 배출하지요. 반대로 나무는 이산화탄소를 흡수하고 산소를 배출해요. 그러니 숲이 줄어들면 공기 중에 이산화탄소 농도가 높아질 수밖에 없어요. 주방의 수도꼭지에서 물이 끊임없이 쏟아지는데 물이 빠져나가는 배수구가 막혔다면 집 안이 물바다가 되는 것과 같은 이치지요.

미국 항공우주국은 지구의 기온이 올라가는 가장 큰 이유가 화석 연료의 소비가 늘어나고 숲이 없어지면서 대기 중에 온실 기체의 양이 늘어났기 때문이라고 발표했어요.

기후 변화에 대한 국가 간 협의체는 1970년부터 2004년까지 약 35년 동안 지구의 온실 기체 배출량이 70퍼센트나 늘었다는 것을 알아냈어요. 이렇게 온실 기체가 빠르게 늘어나자 지구의 기온도 가파르게 올랐지요.

하지만 우리는 이미 전기를 많이 사용하고, 공장에서 나온 물건으로 생활하고, 마트에서 고기를 사다 먹는 생활에 익숙해져 있어요. 기후 문제 때문에 갑자기 구석기 시대처럼 식물을 채집하고 동물을 사냥하고, 필요한 물건을 직접 만들고, 전기 없이 살 수는 없는 노릇이지요. 그래서 사회 발전을 지키면서 기후에 큰 부담이 되지 않도록 지혜로운 시스템을 만들기 위한 아이디어를 모으고 있답니다.

지구의 기후 변화

46억 년 전 지구가 처음 생겨났을 때부터 지금까지 지구의 기후는 계속 변화해 왔어요. 기후가 지금과는 전혀 달랐던 때도 있었어요. 7억 5천만 년 전에는 지구 전체가 얼음으로 뒤덮여 있었어요. 반면에 고생대 초기와 중기, 중생대 대부분과 신생대 초기에는 지구의 기온이 지금보다 8~15℃나 높았어요. 고생대 중기와 후기, 신생대 후기에는 지금보다 훨씬 추웠고요.

우리 인류의 조상이 활동했던 700만 년~200만 년 전에는 추웠던 빙하기와 따뜻했던 간빙기가 스무 번이나 있었어요. 10만 년을 주기로 빙하기와 간빙기가 번갈아 나타났지요. 마지막 빙하기는 구석기 시대였어요. 약 10만 년 전에 시작되어 2만 년 전까지 이어졌는데, 지역에 따라 지금보다 7~12℃ 정도 기온이 낮고 바다의 높이도 140

미터나 낮았어요.

그러다가 지금과 같은 기후가 된 건 1만 2천 년 전이에요. 이때부터 인류는 농사를 짓고 가축을 기르기 시작했어요.

지구의 기후는 계속 변화해 왔어요. 마지막 빙하기는 구석기 시대였대요.

지난 1천 년 동안 지금보다는 기온이 조금 낮았지만 비교적 따뜻했어요. 13세기에는 1900년대보다 1℃ 정도 기온이 낮아지는 작은 빙기가 있었어요. 겨울이 길고 여름은 습하고 짧아져 농작물이 자라지 못했고, 강은 얼고, 전염병까지 돌아 많은 사람이 병에 걸리거나 굶어 죽었답니다.

이때 우리나라는 조선 시대였어요. 흉년이 이어지면서 굶어 죽는 사람이 많았지요. 이렇게 추운 기후는 20세기까지 이어졌어요. 그러다가 기후가 급격하게 오른 것은 1980년대 이후부터예요. 거의 1천 년 만에 기온이 오른 것이지요. 바로 지구 온난화 때문이에요.

지난 100년간 지구 기온은 빠르게 올라 남극과 북극의 빙하가 녹아 해수면이 15센티미터가 높아졌어요.

최근 100년 동안 지구의 기온은 더 빠르게 올라 남극과 북극의 빙하가 녹으면서 해수면이 높아졌어요. 무려 15센티미터나 높아졌는데, 최근에는 속도가 더 빨라졌어요. 많은 과학자들이 이 점을 걱정하고 있지요. 이대로 지구 온난화가 계속되어 빙하가 녹으면 사람이 살 땅이 줄어들 수밖에 없으니까요.

물속에 잠기는 섬나라

지구상에 있는 얼음의 90퍼센트는 남극에 있어요. 남극은 두꺼운 얼음층으로 덮인 대륙인데, 얼음층의 깊이는 평균 3킬로미터나 되어요! 100미터 달리기를 30번이나 해야 하는 긴 거리지요. 남극의 얼음이 다 녹으면 바다의 높이는 90센티미터 더 높아질 거예요. 그러면 지금 사람들이 살고 있는 지역의 절반 이상이 물에 잠기고 말아요. 몇십 년 후에는 사람들이 물속의 세상에서 살아가게 될 수도 있어요.

이런 예상은 영화나 공상이 아니에요. 실제로 태평양의 투발루나 인도양의 몰디브 같은 섬들이 조금씩 바닷물 속에 잠기고 있거든요.

특히 투발루는 9개의 산호섬으로 이루어진 나라인데, 과학자들은 9개 섬 모두가 50년에서 100년 사이에 바닷속에 잠겨 사라질 거라고 예측하고 있어요. 투발루 공화국의 수상은 2001년에 나라를 포기하겠다고 선언하고 국민들을 오스트레일리아로 이주시키려고 했어요. 하지만 오스트레일리아 정부가 허락해 주지 않자, 뉴질랜드의 허가를 받아 2002년부터 조금씩 이주를 진행하고 있어요.

 기후는 이렇게 변화해 왔어요. 인류는 이런 변화에 적응하면서 역사와 문명을 만들어 왔고요. 지금은 그 어느 때보다 기후가 빠르게 변화하고 있지만 이런 변화는 자연 때문이 아니라 우리 인간이 만들어 낸 거예요. 따라서 앞으로 다가올 기후 변화를 예측하고 대비하는 것도 필요하지만, 기후 변화의 속도를 늦추는 것이 무엇보다 중요하답니다.

착하기도 나쁘기도 한 이산화탄소

　지구의 기온은 대기에 있는 이산화탄소나 메탄가스 같은 온실 기체들이 태양 빛이 우주로 빠져나가지 않도록 해 주기 때문에 유지되고 있지요. 대기 중에 이산화탄소가 없으면 지구는 꽁꽁 얼어붙고 말 거예요. 그러나 지구 온난화는 이런 온실 기체의 양이 지나치게 많아져 기온이 올라가는 현상이에요.

온실 기체가 지구 온난화에 미치는 영향을 수치로 나타낸 것이 '온난화지수'인데, 이산화탄소를 기준으로 해요. 온난화지수가 높을수록 기후에 나쁜 영향을 끼친다는 말이지요. 이산화탄소를 기준으로 온실 기체의 온난화지수를 살펴보면, 메탄은 이산화탄소의 21배, 수소불화탄소는 140배, 아산화질소는 310배나 온난화를 일으킬 수 있어요.

과학자들은 지구 온난화가 기후 변화에 큰 영향을 미친다고 생각해요. 많은 연구결과가 지구의 평균 온도와 이산화탄소가 밀접한 관계가 있다고 밝히고 있거든요. 스웨덴의 화학자 아레니우스는 대기의 이산화탄소 농도가 높아지면 지구의 평균 기온도 함께 올라간다는 걸 알아냈어요.

또 미국 스크립스 해양연구소의 킬링 박사는 지구 대기에 있는 이산화탄소 양이 거의 매년 늘어나고 있다는 사실을 발견했지요. 킬링 박사는 1958년부터 하와이의 마우나로아 관측소에서 이산화탄소를 측정하기 시작했어요. 그리고 1958년부터 2013년까지 55년 동안 이산화탄소 농도가 87ppm이나 높아져서 400ppm을 기록하게 되었다고 발표했어요. 킬링 박사의 연구 결과는 인류가 배출한 이산화탄소가 기후 변화를 일으킨다는 증거가 되었어요.

지구 온난화의 주범이 이산화탄소라는 것은 1970년대부터 알려지기 시작했고, 그에 따라 전 세계는 이산화탄소 배출 문제에 관심을 가지게 되었어요.

이산화탄소 농도의 양을 측정했던 하와이 마우나로아 관측소.

특히 2013년에 지구의 이산화탄소 농도가 400ppm을 기록했다는 킬링 박사의 연구에 전 세계는 잔뜩 긴장했어요. 학자들이 기후 변화로 지구에 재앙이 닥칠 것이라고 생각했던 이산화탄소 농도가 400ppm이기 때문이에요. 특히 우리나라는 세계 평균보다 이산화탄소 농도가 더 높기 때문에 더욱 긴장을 늦출 수가 없어요.

하지만 이산화탄소가 지구 온난화의 주범이 아니라고 생각하는 사람들도 있어요. 이산화탄소보다는 메탄가스나 대류권 오존, 검댕이라고도 불리는 카본 블랙 같은 물질이 더 문제라는 거죠.

온실 기체의 절반은 이산화탄소이고, 그 뒤를 이어 메탄가스와 아산화질소가 온실 기체의 3분의 1을 차지하고 있어요. 특히 산업 혁명 이후로 이산화탄소는 35퍼센트 많아졌지만 메탄가스는 300퍼센트나 늘었거든요. 그래서 지구 온난화를 해결하려면 메탄가스를 줄여야 한다고 주장하죠.

2장 기후 변화는 왜 일어날까요? 67

좀 더 알아볼까요?
조선 시대에도 빙하기가 있었다고요?

삼국 시대를 거쳐 조선 시대에까지 우리나라의 경제 활동은 농업이 중심이었어요. 농사에는 날씨가 무척이나 중요하지요. 그래서 왕들은 늘 날씨를 미리 예측하기 위해 애를 썼어요.

조선 시대에는 서운관이라는 기상청이 있어서 이곳에서 날씨를 관측해 왕에게 알렸어요. 하지만 날씨 관측이 틀렸다거나 기상 이변이 일어나는 경우도 있었답니다. 그러면 서운관의 관리들이 곤장을 맞기도 했어요.
또 오랫동안 비가 내리지 않으면 왕이 직접 하늘에 제사를 지내기도 했어요. 이것이 기우제예요.

17세기 유럽과 몽골에 소빙기가 닥쳐왔을 때, 우리나라에도 영향이 있었어요. 한강은 보통 음력 12월에 얼기 시작하는데, 이때는 너무 추워서 9월에 얼 정도였지요. 또 음력 2월 말에는 봄꽃이 피기 시작해야 하는데, 그때까지도 한강이 꽁꽁 얼어붙어 있었어요. 심지어 바다는 소금기가 많아서 잘 얼지 않는데, 깊은 동해까지 몇 번이나 얼었다고 해요. 그것도 봄에 말이에요. 남쪽 끝인 제주도에도 눈이 내려 말들이 죽었다는 기록이 있어요. 너무 추우니 농사도 잘 되지 않고, 물고기도 잘 잡히지 않아 1670년과 1671년에는 역사상 최악의 기근이 일어난 해로 기록되어 있어요.

얼어붙은 한강의 모습 ⓒ 서울시 소방 재난본부

1
지구의 기후에 가장 큰 영향을 끼치는 것은 [　　　]이에요. 이것은 지구에 빛과 열에너지를 보내 주지요.

2
바다 온도에 따라 이상 기상이 생기는 현상으로는 대표적으로 [　　　]와 라니냐가 있어요. 이 현상은 적도 아래쪽 동태평양 한류가 지나가는 바다의 수면 온도가 평년보다 0.5℃ 이상 높은 상태를 말해요.

3
화석 연료를 태우면 [　　　]가 배출되어요. 우리와 동물은 산소를 마시고 이것을 배출하지요. 반대로 나무는 이것을 흡수하고 산소를 배출해요. 그러니 숲이 줄어들면 안 되어요.

4

지구 온난화를 일으키는 온실 기체로 대표적인 것은 이산화탄소와 □□□□□예요. 지구 온난화는 온실 기체의 양이 지나치게 많아져 지구의 기온이 올라가는 현상이지요.

5

오랫동안 인류는 기후 변화에 적응하면서 역사와 문명을 만들어 왔어요. 하지만 현재의 기후 변화는 자연 때문이 아니라 우리 인간이 만들어 낸 것이에요. 따라서 앞으로 다가올 기후 변화를 예측하고 대비하는 것도 필요하지만, 기후 변화의 □□□□□를 늦추는 것이 더욱 중요하답니다.

1. 태양열 2. 엘니뇨 3. 이산화탄소 4. 메테인가스 5. 속도

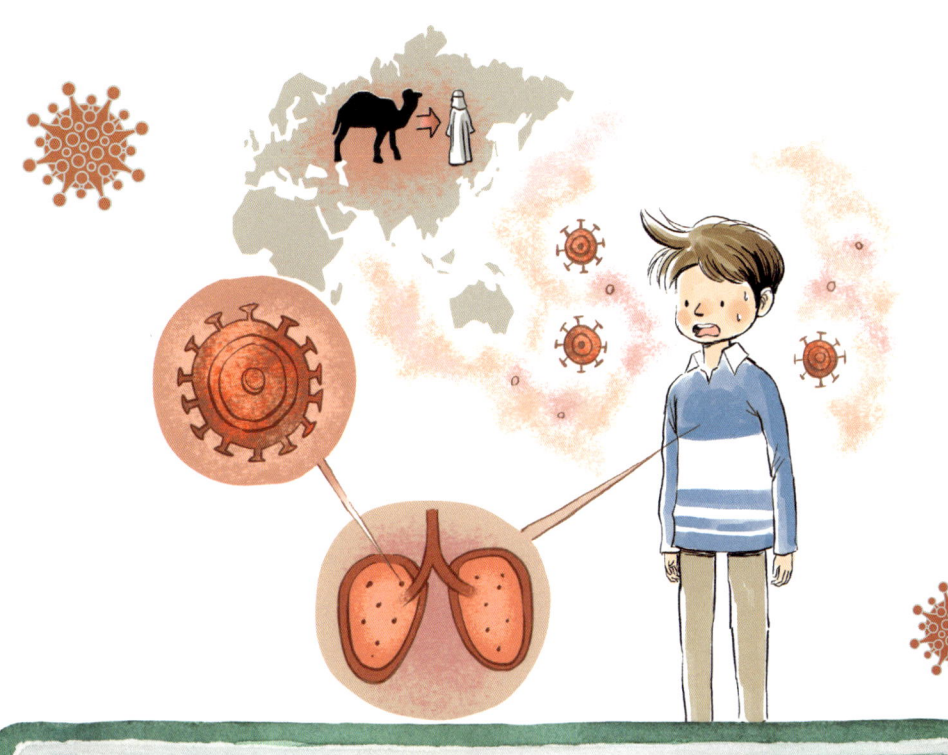

3장

기후가 우리의 삶을 위협해요.

기후 변화가 가져온
이상 기상 현상

　갑자기 기후가 변화하면서 지구촌 곳곳에는 태풍, 홍수, 가뭄 같은 재난이나 폭염과 폭설 같은 이상 기상 현상이 일어나고 있어요. 태풍이나 홍수가 계속되면 집이 무너져 많은 이재민이 생기고 산사태로 무너진 흙에 깔리거나 바람에 날아오는 물건에 다치고 생명을 잃는 사람들이 생겨요. 여름철 폭염이 심하면 밭에서 일하던 사람들이 목숨을 잃기도 해요. 이렇게 기후 변화 때문에 해마다 많은 사람들이 다양한 피해를 입고 있어요. 우리나라에서도 예전보다 폭염, 폭설, 태풍이 더 자주 일어나고, 피해도 커지고 있답니다.

　결국 이 모든 문제의 원인은 기후 변화랍니다. 기후 변화로 인한 이상 기상 현상이 우리 삶에 심각한 영향을 미치고 있다는 사실을 우리는 빨리 깨달아야 해요.

전염병의 발생

　비가 계속 오거나 가뭄이 계속되면 전염병이 생기기 쉬워요. 중국 북부의 건조 지대에서는 최근 비가 계속 내리면서 식물이 무성하게 자랐어요. 그러자 이 식물을 먹는 쥐 같은 동물이 갑자기 늘어났고, 쥐에 달라붙어 살면서 병균을 옮기는 벼룩과 진드기도 덩달아 늘어났지요. 쥐는 사람이 사는 마을과 들판을 왔다 갔다 하면서 병균을 옮겼어요.

　이뿐만 아니라 영양실조, 말라리아, 설사병, 열사병 등이 많이 발생할 수 있어요. 2030년쯤에는 이런 질병으로 지구촌에서 매년 25만 명 이상이 목숨을 잃을 수 있다고 해요.

　이런 일들이 동남아 어느 지역이나 먼 아프리카의 문제라고 생각할 수도 있어요. 그런데 우리나라에서도 비가 자주 오고 기온이 높아지면서 모기가 많아지고 활동 기간도 늘어났어요. 5월부터 모기가 발견되기도 하고, 늦가을까지 모기 때문에 잠을 설치기도 해요. 이러다 보니 열대에서나 발생하던 말라리아 환자가 우리나라에도 나타났어요. 말라리아는 모기가 옮기는 병이랍니다.

　또 국제화 시대에 해외여행을 많이 다니면서 다른 나라에서 발생한 전염병이 우리나라로 들어오기도 하지요. 몇 년 전 우리 국민들을 공포에 떨게 한 사스, 메르스, 조류독감, 코로나19 같은 전염병도 중국이나 중동 지역을 여행한 사람을 통해 우리나라에 들어왔어요.

육식을 줄여야 하는 이유

요즘 우리는 다양한 고기를 많이 먹고 있어요. 사람들이 채소나 곡물보다 육식을 즐기게 되면 그만큼 소, 돼지, 닭 같은 가축을 많이 길러야 하지요. 가축들은 모두 사료로 키우는데 사료는 곡물로 만들어요. 이들 가축이 전 세계에서 생산되는 곡물의 3분의 1을 사료로 먹어치우고 있어요. 엄청나죠? 미국에서 생산되는 콩의 90퍼센트, 옥수수의 80퍼센트를 포함해 곡물의 70퍼센트가 가축 사료로 사용되거든요. 곡물을 가축의 사료로 주는 대신 사람들이 먹는다면 10억 명 이상을 먹여 살릴 수 있을 정도예요. 바로 이런 이유 때문에 사람들이 고기를 덜 먹으면 지구의 식량 부족 문제를 줄일 수 있다고 하는 거예요.

또 동물을 먹일 곡물과 풀을 기르기 위해서는 넓은 목초지나 농경지가 필요해요. 경작지를 만들기 위해서는 숲을 베어 내거나 불태워야 하지요. 이 때문에 아마존 열대우림의 70퍼센트가 사라졌어요. 숲을 불태우면 이산화탄소를 흡수하고 산소를 내뿜는 나무가 사라질 뿐만 아니라 나무가 불에 탈 때 메탄가스, 대류권 오존, 검댕 같은 물질들이 생겨나 대기 오염을 일으키고 지구 온난화를 부추기게 되어요.

또 곡물과 풀을 기르기 위해서는 무엇이 필요할까요? 비료와 물,

농약, 전기 등이 들어가겠지요? 미국에서만 곡식의 병충해를 막으려고 매년 7,600만 킬로그램의 살충제를 뿌리고 있어요. 살충제는 물과 땅을 오염시켜 사람과 동물이 살기 힘든 땅으로 만들지요.

10억 명을 먹여 살릴 수 있는 곡물이 가축의 사료로 사용되고 있어요.

지구를 병들게 하는 햄버거

햄버거 하나를 만드는 데 사방 5미터의 숲이 사라지고 샤워를 무려 52번 할 수 있는 양의 물이 들어간다는 사실을 알고 있나요? '그 정도쯤이야' 하고 생각되나요? 아직도 가난한 나라에서는 마실 물이 없어서 제대로 정수되지 못한 흙탕물을 먹고 있다는 것을 떠올리면 쉽게 말할 수는 없어요.

햄버거, 삼겹살, 양꼬치, 치킨과 같은 고기를 많이 먹을수록 지구 온난화의 주범인 온실 기체 역시 많이 만들어 내게 되어요. 소, 돼지, 염소, 양, 닭들도 호흡하면서 산소를 들이마시고 이산화탄소를 내뿜거든요. 또 트림을 하거나 방귀를 뀌면서 메탄가스를 만들어 내지요.

동물들이 내뿜는 온실 기체는 인간이 만들어 내는 온실 기체 중 19퍼센트를 차지할 만큼 많은 양이에요. 메탄가스는 대류권의 오존이 만들어지는 데도 큰 영향을 미치지요. 메탄가스와 오존이 합쳐지면 이산화탄소만큼이나 지구 온난화에 큰 영향을 준답니다.

우리가 매일 100그램 이상의 육류를 먹으면 7.16킬로그램의 이산화탄소를 내뿜고, 채식을 하면 2.89킬로그램의 이산화탄소를 내뿜는다는 연구도 있어요.

또 동물의 배설물은 수질과 토양을 오염시키지요. 전 세계 사람들이 고기를 조금씩만 덜 먹어도, 동물을 기르는 데 들어가는 곡물과 물, 전기 에너지가 절약되고, 이산화탄소 배출량이 감소되며, 숲이 살아나게 되어요.

오늘날에는 고기나 고기를 재료로 한 햄, 소시지 같은 값싼 육가공류를 만들기 위해서 가축을 넓은 들판이 아니라 좁고 축축한 곳에 몰아넣고 길러요. 이것을 '공장식 축산'이라고 해요. 그래서 동물이 스트레스를 받아 병에 걸리기도 쉽고, 한 마리가 병에 걸리면 다른 동물들에게 금방 옮기고 말지요.

공장식 축산으로 고기를 만들어 내다 보니 가격이 싸지는 것은 좋은데 음식물이 남아돌아 버려지는 문제도 생겨났어요. 가정과 식당

에서 먹는 고기의 약 20퍼센트가 쓰레기로 버려지고 있을 정도예요.

　가축을 길러 식탁에 오르기까지 수많은 환경 오염이 발생하고 온실 기체가 나오는데 버려지는 음식물이 다시 물과 땅을 오염시킨다니 가슴아픈 일이에요. 그만큼 덜 생산했다면 환경 오염도 줄어들었을 텐데요. 그래서 기후 변화를 막기 위해서는 고기 대신 채식을 해야 한다고 주장하는 학자들도 있답니다.

　최근 미국의 세계적인 햄버거 회사는 고기 대신 곡물로 만든 식물성 고기를 이용해 만든 햄버거로 큰 인기를 끌었어요. 많은 사람들이 건강에도 좋고, 기후 변화를 막을 수 있고, 맛도 좋은 제품을 선택한다면 기업들도 소비자의 현명한 선택에 따를 수밖에 없겠지요?

좁고 축축한 곳에 갇혀 있으니 동물들이 괴로울것 같아요.

커피와 초콜릿

　기후 변화의 원인이 되는 먹을거리는 고기만이 아니에요. 어른들은 커피를, 어린이들은 초콜릿을 무척 좋아하지요? 커피와 초콜릿 소비가 늘어나면서 커피콩과 초콜릿의 원료인 카카오를 생산하기 위해 수많은 숲이 파괴되고 있어요. 커피는 아프리카, 동남아시아, 남아메리카와 같이 따뜻한 곳에서 재배하는데 커피를 재배하기 위해 숲을 불태워 농경지를 만들고 있거든요. 초콜릿 회사들은 카카오를 재배하려고 서아프리카의 열대우림을 없애고 있고요. 지구의 허파인 열대우림이 파괴되면 나무가 이산화탄소를 흡수하지 못해 지구 온난화 속도가 더욱 빨라질 거예요.

　초콜릿 말고도 빵, 과자, 라면도 우리가 무척 좋아하는 간식이에요. 이런 식품에는 식물성 기름인 팜유가 들어가는데, 팜유의 원료는 기름야자나무 열매예요. 기름야자나무 열매는 식품만이 아니라 세수할 때 쓰는 비누나 옷을 빨 때 필요한 세제, 엄마가 바르는 립스틱 등에 두루두루 쓰여요. 그래서 이 열매가 많이 자라는 인도네시아에서는 열대우림을 불태워 거대한 기름야자나무 농장을 만들고 있답니다. 그 때문에 숲이 사라지는 것은 물론이고, 거기에 살던 오랑우탄들도 살 곳을 잃게 되었다고 해요.

과학자들은 계속 인구가 늘어나고 사람들이 육식과 가공식품을 즐긴다면 앞으로 식량 부족 문제가 심각해질 거라고 입을 모으고 있어요. 사람들의 식생활을 위해 곡물이 엄청나게 많이 필요할 테니까요. 적어도 2050년까지 지금보다 두 배 이상의 곡물을 생산해야 해요. 하지만 농업 기술이 아무리 발전한다고 해도 앞으로 30년 안에 곡물 생산을 두 배 이상으로 늘리기는 어렵지요.

그렇게 되면 식량 부족으로 어려움을 겪게 되는 곳은 선진국보다는 아프리카, 아시아, 남아메리카의 나라들일 거예요. 지금도 이곳에서는 선진국에서 소비하는 사료용 곡물, 커피, 가공식품의 원료를 재배하기 위해 열대우림을 없애고 있으니까요. 또 곡물을 재배하기 위한 물을 대기 위해 정작 이곳 사람들은 마실 물과 식량이 부족해요.

초콜릿! 원료가 되는 카카오를 재배하기 위해 열대우림이 파괴되고 있어요.

농작물 피해와 굶주림

　이처럼 계속해서 기후가 변화하면 가난한 나라들이 가장 먼저 피해를 입을 수 있어요. 이곳 사람들은 대부분 선진국에 수출하는 농작물을 기르는 일을 하거든요. 그런데 기후가 달라지면 원래 재배하던 작물들이 제대로 자라지 못해요. 또 한파나 폭염, 가뭄, 태풍 같은 이상 기상 현상이 일어나면 농작물이 가장 먼저 해를 입지요. 이들 나라는 농업에 많이 의존하고 있기 때문에 작물이 잘 자라지 않으면 식량 부족에 시달릴 수밖에 없어요.

벌써 기후 변화로 인해 고통을 받고 있는 나라도 있어요.

에티오피아에서는 극심한 가뭄 때문에 농작물의 80퍼센트가 말라 죽었고, 아프리카 동남부에서는 엘니뇨 현상 때문에 식량과 먹을 물이 부족해 5,100만 명의 사람들이 굶주림에 시달리고 있어요.

놀라운 사실은 기후 변화가 계속되면 더 이상 감자, 땅콩, 포도 등을 먹지 못할 수도 있다는 거예요. 감자는 기후에 예민해서 기온이 조금만 올라도 잘 자라지 못해요. 땅콩도 비가 많이 오지 않으면 줄기가 말라붙고 독이 있는 곰팡이가 퍼지지요. 포도는 여름에는 뜨겁고 건조하며 겨울에도 따뜻하고 비가 적당히 내려야 잘 자라는데, 온난화가 계속된다면 2050년쯤에는 포도를 기를 수 있는 땅의 3분 2가 사라질 거예요.

지구 온난화를 막지 못한다면 30년 후에는 우리가 지금 먹고 있는 음식의 대부분을 먹지 못하게 될 수도 있어요.

대기 중 이산화탄소가 높아져 지구 온난화가 심해지면 밀, 쌀, 옥수수, 콩 등의 곡물에 들어 있는 철분, 아연, 단백질 등의 영양분도 줄어들어요. 그러면 이 곡물을 먹는다고 해도 영양실조에 걸릴 수 있어요. 특히 개발도상국에서는 식량도 부족한 데다, 필요한 영양소를 대부분 곡물에서 얻기 때문에 문제는 더욱 심각해요. 전 세계적으로 철분과 아연이 부족해서 병에 걸려 죽는 사람이 매년 630만 명이나 되거든요.

캐시미어와 황사

옷이 기후의 영향을 받는다는 건 누구나 알고 있어요. 하지만 반대로 옷의 재료와 옷을 만드는 방식이 기후에 영향을 미친다는 사실을 알고 있나요?

옷을 만들기 위해서는 자연에서 재료를 얻어 천을 만들고, 무늬를 넣거나 색을 넣는 염색을 해야 해요. 옷감의 재료는 대부분 식물이지만, 동물의 가죽이나 털 같은 것도 있지요. 사람들이 좋아하는 옷감의 재료가 되는 동식물을 무분별하게 채취하게 되면 동식물의 멸종을 불러올 수 있어요.

또 염색을 하고 옷을 만드는 공장을 돌리려면 많은 화학물질이 발생해 물과 공기를 오염시키고, 에너지도 많이 써야 하지요. 이처럼 옷을 만드는 과정에서도 생태계가 파괴되고 환경이 오염되어요. 또 유행에 따라 잠깐 입고 버린 옷들이 늘어나면서 쓰레기 문제도 심각해졌어요.

요즘 우리나라에서 심각한 문제가 되고 있는 황사도 옷과 관련이 있어요.

캐시미어는 염소의 앞가슴 부위에서 채취하는 털이에요. 캐시미어 털은 얇고 가볍지만 공기를 많이 품어 무척 따뜻하지요. 하지만 염소의 앞가슴 털만 사용해야 해서 양이 무척 적어요. 스웨터 한 벌을 만드는 데는 4~6마리의 염소 털이, 코트 한 벌을 만드는 데는 30~40마리의 염소 털이 필요해요.

캐시미어는 중국 네이멍구와 몽골에서 주로 생산되는데, 전 세계 생산량의 90퍼센트가 여기에서 나와요. 캐시미어가 인기를 끌자, 캐시미어를 얻으려고 염소를 많이 키우게 되었어요.

염소가 늘어나면서 푸른 목초지도 줄어들었어요.

특히 몽골에서는 지난 10년간 기르는 염소의 수가 두 배 이상 늘었을 정도예요. 그러다 보니 염소가 풀과 나무의 뿌리까지 모두 뜯어먹어 푸른 목초지가 급격하게 줄어들었고 많은 곳이 사막으로 바뀌어 버렸어요.

황사는 몽골과 중국의 사막 지대의 모래와 먼지 같은 것들이 서쪽에서 부는 바람인 편서풍을 타고 우리나라까지 밀려오는 현상이에요. 황사는 조선 시대에도 있었어요. 하지만 지금의 황사는 그 어느 때보다도 심각해요. 봄에만 잠깐 생기던 황사가 일 년 내내 우리를 괴롭힐 정도이니까요. 캐시미어 때문에 목초지가 많이 사라진 것도 원인이에요. 물론 사막이 넓어지는 데는 지구 온난화의 영향도 있지만요.

미세먼지의 원인은 뭘까요?

우리나라에서 심각한 환경 문제는 미세먼지예요. 미세먼지란 지름이 10마이크로미터(마이크로미터는 0.001㎜)보다 작은 크기의 먼지를 말해요. 이보다 더 작은 미세먼지는 초미세먼지라고 하지요. 초미세먼지는 지름이 2.5마이크로미터보다 작은 것이에요.

미세먼지는 PM10으로 표시하고, 초미세먼지는 PM2.5로 표시하지요. 매일 아침 기상청에서는 황사를, 국립환경과학원에서는 미세먼지 수치를 알려 줘요. 미세먼지가 심한 날은 꼭 마스크를 쓰고 외출하거나 가급적 집안에 있는 게 좋아요. 공기청정기를 사용하는 것도 좋고요. 그렇지만 실내 공기 오염도 문제가 될 수 있기 때문에 하루 한두 번의 환기는 꼭 필요해요.

미세먼지는 공장이나 자동차에서 나오는 질소산화물, 화학단지나 주유소, 페인트 등에서 나오는 휘발성 유기화합물로 주로 만들어져요. 미세먼지 얘기할 때마다 중국 때문이라고 불평하는 사람들이 있어요. 매년 봄이면 중국에서 황사가 몰려왔기 때문에 미세먼지도 중국 탓이라고 생각하는 거죠. 정말 그럴까요? 어떤 학자들은 중국 때문이 아니라 우리나라의 화력 발전소나 공장 등에서 발

생하는 오염물질이 미세먼지를 만들어 낸다고 말하기도 해요.

2016년에 우리나라의 국립환경과학원과 미국 항공우주국 등 80개의 연구단체와 약 580명의 과학자들이 미세먼지 조사를 했어요. 그리고 우리나라의 미세먼지 중 52퍼센트가 우리나라에서 발생한 것이고, 34퍼센트가 중국에서, 나머지는 북한 등에서 온 것이라고 밝혔어요.

그동안 중국이 큰 영향을 준다고 여겼지만, 그것보다는 우리나라의 공장단지와 자동차 배기가스가 문제였던 거예요. 중국 역시 미세먼지가 발생하는 데 어느 정도 영향을 주기는 하지만, 우선 우리나라의 환경 문제에 먼저 관심을 가지고 개선하도록 노력해야겠어요.

미세먼지가 가득한 서울의 모습

1

기후 변화로 지구촌 곳곳에서는 자연 재해가 크게 늘었어요. 비가 계속 오거나 가뭄이 계속되면 ☐ 이 생기기 쉬워요. 이것은 깨끗한 물을 마시고 집 안과 몸을 깨끗하게 하고, 예방접종으로 막을 수 있어요.

2

가축에게 사료로 주는 대신 우리가 먹는다면 10억 명 이상을 먹여 살릴 수 있을 정도예요. 바로 이런 이유 때문에 사람들이 ☐ 를 덜 먹으면 지구의 식량 부족 문제를 줄일 수 있다고 하는 거예요.

1. 전염병 2. 고기 3. 영해상승 4. 사막 5. 홍수

3 기후 변화의 원인은 초콜릿에도 있어요. 초콜릿 회사들은 카카오를 재배하려고 서아프리카의 ☐ 을 없애고 있어요. 이곳이 파괴되면 대기 중의 이산화탄소를 흡수하지 못해 지구 온난화 속도가 더욱 빨라질 거예요.

4 캐시미어가 사람들에게 크게 인기를 끌자, 몽골에서는 염소를 많이 키우게 되었어요. 그런데 염소가 풀과 나무의 뿌리까지 모두 뜯어먹어 버리자 푸른 목초지가 줄어들어 많은 곳이 ☐ 으로 바뀌고 있어요.

5 몽골의 사막 지대에서 불어오는 모래 섞인 바람을 ☐ 라고 해요.

4장

앞으로 지구는 어떻게 될까요?

위험한 북극

　지구 온난화의 영향을 가장 많이 받는 지역은 북극, 남극 또는 높은 고산지대예요. 자료를 살펴보면 북극은 산업 혁명 전보다 기온이 무려 4℃나 올랐어요. 지구의 평균온도가 0.7℃ 올랐으니 같은 기간 동안 다섯 배나 많이 오른 거지요.

　북극은 빙하와 얼음으로 뒤덮여 있는 지역이지만, 기온이 4℃가 오르면서 빙하와 얼음이 점점 녹고 있어요. 북극의 얼음은 태양열을 반사하기 때문에 대기가 자리바꿈하는 데 무척이나 중요해요. 때문에 얼음이 녹으면 대기의 순환에 문제가 생기고, 지구의 기후나 이상 기상 현상에도 직접 영향을 미치지요.

　또 빙하가 녹으면서 만들어진 물 때문에 해수면이 높아지고 있는 것도 큰 문제예요. 얼음이 녹으면서 바닷물이 햇빛을 더 많이 흡수하게 되어 바닷물의 온도가 올라가고, 그 때문에 또다시 얼음과 빙하가 녹는 악순환이 계속 되거든요.

　빙하가 점점 줄어들고, 날이 따뜻해지면서 북극에서는 봄이 사라지고 있어요. 북극의 호수가 얼음으로 덮여 있는 기간이 2주나 줄었고, 눈의 두께도 10분의 1이나 줄었어요. 이대로 가다가는 북극에서 얼음이 영영 사라질지도 몰라요.

러시아의 북쪽 지방은 날씨가 추워서 큰 나무가 자라지 못해요. 이런 지역을 '툰드라'라고 하는데 이 지역의 영구 동토층이 녹고 있어요. 영구 동토층이란 '영원히 얼어붙은 땅'이라는 뜻이에요. 1년 365일 중 250일 정도가 얼음과 눈으로 뒤덮여 있는 곳이지요. 러시아 땅의 절반도 넘는 지역이 이런 툰드라예요. 이 툰드라가 녹으면 메탄가스가 나오는데, 이 때문에도 지구 온난화가 빨라지고 있어요.

　세계의 지붕이라고 불리는 티베트 고원 역시 기온이 빠르게 올라가고 있어요. 이곳의 빙산이 녹으면서 마을에 산사태가 자주 일어나 주민들이 피해를 입고 있지요.

> 툰드라 지역의 눈이 녹으면서 더 이상 스키를 타고 학교에 가지 못하게 되었어요.

극지방과 고산지대에만 기후 변화가 일어나는 것 아니냐고요? 그렇지 않아요. 지중해 지역에서는 기온이 1.3℃ 올라서 그동안 길러왔던 포도나 올리브 등을 재배하기 어렵게 되었어요. 우리나라에서도 제주도에서 재배하던 감귤을 이제는 남부 지방에서도 재배할 수 있지요. 동해의 차가운 물에 사는 물고기들은 바다가 따뜻해지자 북쪽으로 올라가 버려 어획량이 줄었어요.

이대로 계속 기온이 오른다면 2100년에는 온난한 기후인 스페인 남부와 이탈리아에도 사막이 생기게 될 거예요. 또 유럽에는 바닷가 해안 지방에 마을이 많은데, 해수면이 높아져 해안 지대가 물에 잠기고 사람들이 살지 못하게 될 거예요.

동물 생태계의 혼란

기후 변화는 생물들의 생존에도 큰 영향을 끼치고 있어요. 1970년부터 2006년 사이에 기후 변화와 생태계 파괴로 지구상의 생물 3분의 1이 멸종했어요. 남아 있는 동물종의 3분의 1도 멸종 위기에 처해 있고요. 그래서 어떤 학자들은 이대로 가다가는 많은 생물이 사라지는 '대멸종'이 다가올지도 모른다고 생각해요.

한 사람이 자연 생태계에 영향을 미치는 정도를 땅의 넓이로 표현하는 것을 '생태 발자국'이라고 해요. 생태 발자국이 클수록 생태계가 많이 망가진다는 의미예요. 2008년 우리나라 사람 1명당 생태 발자국 지수는 4.6헥타르인데, 사방 45킬로미터의 넓이예요. 우리 한 사람 한 사람이 이렇게 넓은 땅의 자연환경에 영향을 미치고 있다는 것이지요. 세계적으로 생태 발자국 지수는 1966년부터 약 50년 동안 두 배가 늘어났어요. 이런 속도로 인간이 지구의 자원을 계속 소비하고 지구를 개간하면 2030년에는 지구가 2개, 2050년에는 3개 필요할지도 몰라요.

생태계가 파괴되고 지구가 따뜻해지면서 가장 위기에 처한 동물은 철새예요. 철새들은 계절에 따라 살 곳을 찾아 날아가는데, 기온이 달라지고 어떤 계절이 길어지거나 짧아지면서 살기 적당한 곳을 찾

기 어려워졌기 때문이에요.

　날이 일찍 따뜻해져 꽃이 일찍 피어나면서 꽃가루를 옮겨 번식시키는 벌이나 나비들도 혼란에 빠졌어요. 벌이나 나비가 꽃이 피는 시기에 맞춰 겨울잠에서 깨어나지 못하게 된 거지요. 그러면 식물은 열매를 제대로 맺지 못하고, 벌이나 나비도 꿀을 빨 때를 놓쳐서 살아남기 어려워요.

　2006년 이후 북미, 유럽, 오스트레일리아 등지에서는 꿀벌 네 마리 가운데 한 마리가 사라졌어요. 우리가 재배하는 작물 가운데 3분의 1, 세계적으로 식량으로 이용되는 작물의 3분의 2가 꿀벌이나 나비 같은 곤충이 꽃가루를 옮겨 주어야 꽃가루받이를 할 수 있어요. 그렇기 때문에 꿀벌이 사라지고 식물이 꽃가루받이를 하지 못해 열매가 열리지 않으면 인류는 엄청난 식량 부족을 겪게 될 거예요.

　세계적인 과학자 아인슈타인은 "벌이 지구에서 사라지면 인간은 4년 이상 살아남지 못한다."라고 말하기도 했지요. 이렇듯 동물과 식물이 살아가는 것은 인류의 생존과도 밀접한 관련이 있어요.

기후 난민 북극곰

 난민이라는 말을 들어본 적이 있나요? 전쟁이나 자연 재해로 살 곳을 잃고 떠돌게 된 사람을 난민이라고 불러요. 그런데 지구 온난화 때문에 난민이 된 동물도 있어요. 바로 북극곰과 순록이에요.
 얼마 전 뉴스에서는 캐나다의 어느 마을에서 쓰레기통을 뒤지고 있는 북극곰의 모습을 보여 주었어요. 굶주린 북극곰이 마을까지 내려온 것이죠. 북극곰이 많이 사는 캐나다 허드슨만이 한겨울인 1월 중순까지 얼음이 얼지 않았거든요.

북극곰은 얼음 위에서 물범을 사냥해서 먹는데, 얼음 면적이 줄어들면 사냥을 할 수가 없어요. 북극곰은 먹지 못해 몸집이 작아지고 새끼를 낳지 못하거나 또 새끼를 낳아도 새끼에게 줄 먹이를 구하지 못하고 있어요. 그래서 많은 북극곰이 굶어 죽거나 서로 잡아먹기도 하고, 삶의 터전을 바꾸어 더 북쪽으로 올라가고 있어요.
　툰드라에 사는 순록 역시 얼음층이 녹으면서 살기 어려워졌어요. 순록은 툰드라의 땅을 헤치고 영양이 풍부한 지의류, 이끼 같은 식물을 먹고 살아요. 그런데 날씨가 따뜻해지면서 눈 대신 비가 많이 내려 식물 위에서 그대로 얼어붙자, 식물을 먹을 수 없게 된 많은 순록이 굶주리고 있답니다.

북유럽의 올빼미들은 털이 회색이에요. 눈이 많이 내리고 추운 이 지역의 숲은 회색빛이어서 회색 털의 올빼미를 나무 사이에 잘 숨겨 주지요. 그래서 적으로부터 보호받고, 사냥감에 몰래 다가갈 수도 있어요. 하지만 기온이 오르고 눈 덮인 숲이 줄어들자 회색 올빼미들의 수가 줄었어요. 대신 털이 갈색인 올빼미가 많아졌지요. 갈색이 된 나무들 사이에 몸을 잘 숨길 수 있도록 털 색깔이 바뀐 것이에요.

　　남극에서도 바닷물 온도가 높아지고 빙하가 줄어들면서 황제 펭귄이 위험에 놓이게 되었어요. 황제펭귄은 빙벽을 이용해 추위를 막고 얼음층 위에서 새끼를 키우는데, 빙벽과 얼음 땅이 줄어들고 있거든요. 게다가 황제펭귄은 바닷속 크릴새우를 먹고 사는데 크릴새우의 수가 줄어들어 먹잇감을 쉽게 얻지 못하게 되었어요.

남극의 이산화탄소 농도가 높아지면서 바닷물이 산성화되었고 크릴새우가 살 수 없게 된 거지요. 또다른 크릴새우를 먹고사는 대왕고래는 먹이가 줄어들자 500킬로미터나 먼 남쪽으로 사는 곳을 옮겼어요. 또 다른 기후 난민이 된 거지요.

먹이가 줄면서 멸종 위기를 맞은 동물도 있어요. 인도의 뱅골 호랑이는 절반으로 수가 줄었고, 중국의 판다는 수백 마리만 남아 있을 뿐이에요. 도마뱀 역시 더운 기온을 견디지 못해 수가 줄고 있지요. 오스트레일리아에 살던 쥐처럼 생긴 '브렘블 케이 멜로미스'처럼 이미 멸종한 동물도 있어요. 해수면이 높아지면서 섬이 가라앉아 멸종한 것이라고 해요.

다른 한편으로는 바뀐 환경에 적응해 가는 동물들도 있어요. 오스트레일리아 서부에 사는 목도리앵무새들은 날개가 4~5밀리미터 더 커졌어요. 야생 앵무새들은 날아갈 때 날개 밖으로 몸의 열을 내보내어 체온을 조절하는데, 지구가 더워지자 더 많은 열을 내보내기 위해 날개가 커진 거예요.

바닷속의 변화

바닷물의 온도가 높아지면서 물고기들도 위기를 맞고 있어요. 바닷속에는 물고기나 해조류 말고도 우리 눈에 보이지 않는 플랑크톤이 살고 있어요. 식물성 플랑크톤은 육지의 식물처럼 햇빛을 받아 광합성을 하고 산소를 만들어 바닷속 동물들이 숨을 쉴 수 있게 해 주고 초식성 동물들의 먹이가 되어 주기도 하지요.

그런데 바닷물의 온도가 높아지면서 지난 백 년 동안 식물성 플랑크톤이 거의 절반이나 줄어들었어요. 식물성 플랑크톤이 줄자 바닷속에 산소가 충분하지 않게 되고, 플랑크톤을 먹고사는 동물도 먹이가 부족해졌어요. 산소가 부족해지면 바닷속 동물들의 몸집이 작아지고 제대로 성장하지 못할 수도 있어요. 산소가 부족해질 때를 대비해 몸집이 커지지 않도록 적응한 거예요.

또 바닷물의 온도가 높아지면 바닷속의 계절도 변하게 되겠지요? 바닷속에도 겨울이 짧아지고 봄이 빨리 시작되어요. 그래서 차가운 바닷물에서 사는 조개나 따개비들은 바닷물이 온도가 올라가면서 많이 죽었어요.

어떤 물고기들은 암컷이 사라지고 수컷만 많아져서 번식을 하지 못하는 경우도 있어요. 물의 온도에 따라 암컷이냐 수컷이냐가 결정

되는 물고기지요. 이런 물고기들은 몸속에 남성호르몬과 여성호르몬 두 가지를 가지고 있는데, 물의 온도에 따라 남성 호르몬이 여성 호르몬으로 바뀌어요. 그런데 물의 온도가 올라가면 호르몬을 바꿔 주는 효소가 잘 나오지 않아 수컷만 많아지게 되는 거예요.

반대로 파충류 알은 부화할 때 온도가 높으면 암컷이 더 많이 태어나고, 온도가 낮으면 수컷이 더 많이 태어나요. 과학자들의 연구에 따르면 지구의 평균온도가 4℃ 올라가면 바다거북 수컷은 아예 태어나지 못하고 온도가 2℃보다 낮게 올라도 암컷이 많아지고 수컷은 줄어들거라고 해요. 그렇지 않아도 대표적인 장수 동물인 바다거북의 수가 줄어들고 있는데, 암수 비율마저 지구 온난화로 깨지고 있으니 큰일이네요.

기후 변화로 해양생물들이 파괴되고 있어요.

물고기뿐만 아니라 따뜻한 바다에 사는 산호들도 기후 변화로 고통을 받고 있어요. 수온이 높아지고 온실 기체가 녹아들어 물이 산성으로 바뀌면서 산호초들이 하얗게 죽어 가는 백화 현상이 나타났거든요. 산호초 주변에는 식물과 동물의 특징을 모두 가지고 있는 단세포 생물인 쌍편모충류들이 살고 있어요. 이들이 광합성을 하기 때문에 산호가 여러 가지 색깔로 빛나 보이는 거예요. 그런데 쌍편모충류들이 살기 어려워지면서 산호초에서 떨어져 나가자 산호의 원래 색인 하얀색이 나타나는 거예요.

바다 생태계 변화는 다른 나라에서만 일어나는 일이 아니에요. 우리나라도 40년 동안 해수면이 연평균 2.48밀리미터 높아졌고, 바닷물의 온도는 1.11℃ 올랐어요. 이렇게 바다 환경이 바뀌자 따뜻한 물에 사는 고등어, 멸치, 오징어는 예전보다 늘었지만 차가운 물에 사는 명태, 대구, 도루묵 등은 크게 줄었어요.

제주도에서 살던 자리돔은 전라남도 해안으로 올라오고, 남해안에 살던 멸치는 동해로 올라갔어요. 물고기들도 자신에게 맞는 수온을 찾아서 이리저리 이동하는 거죠. 이렇게 되면 여러분이 좋아하는 생선이 식탁에서 사라질 수 있어요.

30년 뒤의 세상

그렇다면 여러분이 부모님의 나이가 되는 30년 뒤쯤의 지구는 어떨까요? 적도를 중심으로 위도가 낮은 곳은 지금보다 기온이 더 올라가 더워질 거예요. 위도가 높은 극지방에서는 빙하가 녹고 기온도 올라갈 거고요. 극지방 가운데 어떤 곳은 지금보다 훨씬 추워지는 곳도 생겨날 거예요.

이것은 바닷물과 공기가 서로 자리바꿈하는 '대류 현상' 때문에 그래요. 적도 근처에서 데워진 공기는 위로 올라가고, 따뜻해진 바닷물은 극지방으로 올라가요. 그러면 차가운 극지방의 공기와 바닷물은 아래로 내려오게 되지요. 이렇게 바닷물과 공기가 순환하는 것을 대류 현상이라고 해요. 하지만 북극과 남극의 기온이 함께 올라가면 대류 현상이 일어날 수가 없겠지요? 찬 공기와 더운 공기, 차가운 물과 따뜻한 물이 서로 섞이지 못하면 위도가 낮은 지역은 훨씬 덥고, 극지방은 훨씬 추워질 수 있어요. 여름은 더 더워지고, 겨울은 더 추워지는 거죠.

앞으로 30년 뒤에는 지구의 빙하가 많이 녹고, 기온도 2~3℃ 올라갈 거예요. 그러면 얼음의 면적이 줄고, 펭귄과 북극곰 등이 멸종하게 되겠지요. 빙하가 녹으면서 해수면도 상승할 거예요. 지구의 평균 기온이 1℃ 올라가면 해수면이 60센티미터 정도 상승하는데, 2℃가 올라간다면 1미터 이상 높아지게 되겠지요? 지금보다 태풍과 홍수, 가뭄, 이상 한파, 폭염 등의 이상 기상 현상도 많이 일어나고, 길게 이어질 거예요.

그렇다면 우리나라의 기후는 어떻게 될까요? 지금처럼 온실 기체가 계속 늘어나면 50년 후쯤에는 연평균 기온이 16.3℃가 될 거라고 해요. 현재 제주도의 연평균 기온이 15.3℃인데, 1년 내내 따뜻한 제주도보다 더욱 더워질 거라는 말이에요.

지금 우리나라에서는 1년 동안 폭염은 7.3일, 하루 최고 기온이 30℃ 이상이고 밤에도 25℃ 밑으로 내려가지 않아 잠들기 어려운 열대야는 2.8일 정도예요. 그러나 이대로 가면 50년 후에는 폭염이 30.2일, 열대야는 37.2일 이어질 거라고 해요. 지금도 여름이면 더위 때문에 열대야로 잠을 못 자는 날이 많은데, 지금보다 열 배나 길어지는 셈이네요. 비도 더 오래 오고요.

현재 우리나라는 온대 기후지만, 50년 후에는 강원도만 빼고 나머지 지역이 아열대 기후로 바뀔 거예요. 더 덥고 습해지는 거지요.

지구 온난화가 계속되면 어떻게 될까요?

많은 사람들이 기후 변화를 막기 위해 애쓰고 있어요. 이와 함께 기후 변화에 대비해 무엇을 준비해야 할까 고민도 하지요. 만약 지구 온난화와 기후 변화를 막지 못한다면 어떻게 될까요? 영화 〈투모로우〉처럼 빙기가 찾아와 인류가 멸종될까요? 아니면 영화 〈워터 월드〉처럼 바다에서 살아가게 될까요?

유럽에 있는 네덜란드는 국토의 대부분이 해수면보다 낮고 사람들이 해안가에 모여 살고 있어요. 기후 변화로 해수면이 올라가자 벌써 국토가 물에 잠기는 피해를 입고 있어요. 그래서 네덜란드는 그 어느 나라보다 기후 변화를 심각하게 받아들이고 있어요.

네덜란드는 해안가에 도시가 발달해 있고 국토의 대부분이 해수면보다 낮아서 다른 나라보다 기후 변화 문제를 심각하게 받아들이고 있다.

네덜란드 해양연구소는 해수면이 올라가는 위기에 맞서 '떠 있는 섬'이라는 방안을 생각해 냈어요. 거대한 삼각형 모양의 떠 있는 섬 87개를 연결해서 도시를 만드는 거예요. 이런 방식으로 항구도 만들고 공원이나 집, 식량을 생산할 수 있는 해양 양식장도 만들 수 있지요. 이미 네덜란드에서는 떠 있는 섬을 작게 만든 모델을 가지고 실내 수조에서 시험 중이에요. 떠 있는 섬이 현실이 된다면, 아마 워터 월드 속의 인공 섬 같지 않을까요?

잠깐! 퀴즈

1 지구 온난화의 영향을 가장 많이 받는 지역은 ▢ 또는 높은 고산지대예요. 자료를 살펴보면 이곳은 산업 혁명 전보다 기온이 무려 4℃나 올랐어요.

2 한 사람이 자연 생태계에 영향을 미치는 정도를 땅의 넓이로 표현하는 것을 ▢ 이라고 해요. 이것이 클수록 생태계가 많이 망가진다는 의미예요.

3 지구 온난화 때문에 난민이 된 동물들도 있어요. 대표적인 동물은 바로 ▢ 이에요.

4

바닷속에는 우리 눈에 보이지 않는 ☐ 이 살고 있는데 이들은 산소를 만들어 바닷속 동물들이 숨을 쉴 수 있게 해 주어요. 또 초식성 동물들의 먹이가 되어 주기도 하지요.

5

적도 근처에서 데워진 공기는 위로 올라가고, 따뜻해진 바닷물은 극지방으로 올라가요. 그러면 차가운 극지방의 공기와 바닷물은 아래로 내려오게 되지요. 이렇게 순환하는 것을 ☐ 이라고 해요.

1. 우산이끼 2. 생태 피라미드 3. 북극곰 4. 플랑크톤 5. 대류 현상

5장

기후 변화를
막기 위해 노력해요.

지금은 '인류세'

기후 변화는 자연적인 현상이기도 하지만 인간의 다양한 활동 때문에 일어나기도 해요. 지구의 기후는 46억 년 동안 몇 번의 변화를 겪었고 그동안 많은 생물이 새로 나타나기도 하고 멸종하기도 했어요. 하지만 그 기간은 무척이나 길었답니다. 그러나 지난 백 년 동안 기후는 그 어느 때보다 빠르게, 크게 변화했어요.

인구가 늘어나 산업화와 도시화되었고 그 영향으로 기후와 환경도 큰 변화를 겪게 되었지요. 그 어느 때보다 인간이 지구에 영향을 많이 미친다고 해서 지금을 새로운 지질시대인 '인류세'라고 부르자고 하는 학자들도 있어요. 인류세란 인류의 시대라는 말이에요.

46억 년 동안 지구에서는 다섯 번의 대멸종 시기가 있었어요. 대멸종이란 지구상의 많은 곳에서 많은 동식물이 사라지는 것을 말해요. 지구상에서는 35억 년 전 처음 생명체가 나타났고 그 뒤로 수많은 생명체가 나타났어요. 그렇게 나타난 생명체 가운데 1퍼센트만 지금까지 살아남았어요.

대표적으로 지구를 지배했지만 한순간에 사라져 버린 공룡이 있지요. 생명체가 나타나고 사라지는 것은 자연의 현상이기도 해요. 하지만 지금 인류와 동식물이 마주한 위기는 인간이 만들어 낸 것이에요.

과학자들은 지구 온난화가 여섯 번째의 대멸종을 가져올 것이라고 경고하고 있어요.

기후 변화에 맞서서 해야 할 일들

    기후 변화와 이상 기상 현상 때문에 벌써부터 지구촌 곳곳에서는 많은 일들이 일어나고 있어요. 생태계의 흐름도 혼란스러워지고, 동물들이 살 곳을 잃거나 굶주리고 있지요. 아직까지 지구는 본래의 회복력으로 환경 오염에 대응하고 있어요. 하지만 이대로 계속 환경이 오염되고 생태계가 혼란스러워져서 지구 스스로가 회복할 수 없게 된다면 어떻게 될까요?

    인류가 지구의 환경 파괴에 끼치는 영향이 큰 만큼, 기후 변화를 막기 위해 노력해야 할 부분도 아주 많아요. 많은 과학자와 정치가들이 이 문제를 해결하기 위해 애를 쓰고 있어요. 지금까지 기후 변화를 막기 위해 어떤 노력이 있었는지 알아보고, 우리들이 생활 속에서 실천할 수 있는 방법을 알아보도록 해요.

전 세계의 노력

오래전부터 지구촌의 여러 나라들은 지구의 기후 변화를 걱정해 왔어요. 국제사회가 본격적으로 기후 변화를 막기 위해 노력하려는 첫 발걸음을 뗀 것은 1992년이에요. 브라질 리우에서 개최된 유엔환경개발회의에서 '유엔기후변화협약'이 맺어졌어요.

유엔기후변화협약의 주요한 내용은 화석 연료와 전력 사용량을 줄이자는 거예요. 하지만 산업 발전을 막을 수 있기 때문에 많은 나라들이 이 협약을 꺼려 했어요. 한편으로는 화석 연료 문제의 심각성을 깨닫고 신재생에너지에 관심을 갖는 계기가 되었지요. 그러면서 화석 연료 사용을 줄이고, 탄소를 덜 배출하는 산업을 성장시키고, 신재생에너지를 이용하는 산업에 관심을 기울이게 되었어요.

몇 년 뒤인, 1997년 일본 교토에는 37개 선진국과 유럽연합 국가들이 기후 변화를 막기 위해 다시 모였어요. 여기 모인 나라들은 2008년부터 2012년까지 온실 기체 배출량을 1990년보다 평균 5퍼센트 줄이기로 약속했어요. 이 약속이 '교토의정서'예요. 하지만 이 회의에는 온실 기체를 많이 배출하는 중국과 미국 그리고 인도가 빠져 있었어요. 때문에 실제로 지구의 온실 기체를 얼마나 줄일 수 있을지는 알 수 없다는 걱정이 많았어요.

그래서 이를 뒷받침하기 위한 대책들이 나왔어요. 교토의정서의 유효기간은 원래 2012년까지였는데, 2020년까지로 늘였어요. 또 2015년에는 프랑스 파리에서 파리 협정을 맺었지요. 파리 협정에는 20년 전보다 심각해진 기후 변화 문제 때문에 무려 195개국이나 참여했어요.

파리 협정에서 가장 중요한 내용은 산업 혁명 이전에 비해 지구의 평균기온이 2℃ 이상 오르지 않도록 온실 기체 배출량을 단계적으로 줄여 나가자는 것이에요. 2℃ 이상 오르면 심각한 기후 재난이 일어날 거라고 본 거지요. 더 나아가 온도 상승을 1.5℃ 이하로 낮추기 위해 노력하자고 덧붙였어요. 또 협정에 동의한 나라들은 5년마다 각자 얼마나 목표에 이르렀는지 살펴보기로 했어요.

선진국과 개발도상국

　기후 변화를 막기 위한 파리 협정에도 문제는 있었어요. 교토 의정서는 선진국들만이 온실 기체를 줄여야 할 의무를 가졌지요. 하지만 파리 협정은 개발도상국까지 전 세계가 함께해야 하는 것이었어요.

　온실 기체를 줄이자는 것은 신재생에너지 기술을 가진 선진국에게는 큰 문제가 되지 않지만 그렇지 못한 개발도상국에는 매우 불리했지요. 선진국들은 이미 화석 연료와 전기를 사용해 산업을 발전시켰고 오염이 많이 생기는 산업이나 공장을 개발도상국으로 옮겨 놓았거든요. 개발도상국은 이제 공장을 가동해 경제개발을 시작하려던 참이었는데 온실 기체를 줄이라고 하니 난감할 수밖에 없었지요.

　지금의 기후 변화와 환경 오염은 대부분 선진국의 개발 때문에 생긴 것인데 피해는 개발도상국이 봐야 하는 셈이지요. 그래서 선진국들은 개발도상국들에게 경제적, 기술적 지원을 해 주기로 약속했어요. 우리나라도 파리 협정을 따르기로 했답니다.

　그런데 파리 협정에 참여한 모든 나라가 이 약속을 성실히 지킨다고 해도 21세기 말까지 지구 온도가 3℃ 가량 오를 것이라는 연구도 있어요. 게다가 파리 협정이 의무이기는 하지만, 지키지 않는다고 해서 벌을 줄 수 있는 강제력은 없거든요.

🇫🇷 파리 협정을 탈퇴한 미국

2017년 6월, 미국의 트럼프 대통령은 파리 협정에서 미국이 탈퇴할 것이라고 선언했어요. 파리 협정이 미국인들에게만 불이익을 주고 중국과 인도에는 엄격하지 않다고 불평한 거예요. 세계 탄소 배출량 2위인 미국이 탈퇴하면서 파리 협정이 실제로 효과가 있을지 걱정하는 목소리가 높아졌어요.

> 미국의 트럼프 대통령이 파리 협정의 탈퇴를 선언하자 많은 시민들이 반대 시위를 했어요.

트럼프 대통령의 결정을 반대하는 미국 사람들도 많았어요. 워싱턴주, 캘리포니아주, 뉴욕주 등 12개의 주는 트럼프 대통령의 파리 협정 탈퇴에 반대하고 기후 협정을 지키겠다고 선언했지요. 이 지역은 미국 전체 인구의 3분의 1이 거주하는 곳이에요. 이들만이 아니에요. 전기자동차 회사인 테슬라, 석유 회사 쉘, 구글 같은 회사도 파리 협정 탈퇴를 반대하고 나섰어요. 이렇게 국민들이 대통령의 정책에 반대하면서 자체적으로 협정을 지키겠다는 것은 기후 변화가 인류의 생존에 큰 문제가 될 거라는 것을 알기 때문이지요.

하지만 2021년에 바이든 대통령이 당선되면서 미국은 파리기후협약에 다시 복귀하기로 결정했어요.

전기자동차는 이산화탄소를 배출하지 않는 친환경 자동차.

왜 2℃일까?

파리 협정에서 가장 중요한 내용은 지구의 평균 기온이 산업화 이전보다 2℃ 이상 오르지 않게 하는 것이에요. 왜 2℃일까요?

지구의 평균기온이 2℃ 이상 오르면 시베리아에 있는 영구 동토층이 녹으면서 땅 속에 갇혀 있던 메탄가스가 대기 중으로 빠져나와요. 메탄가스는 이산화탄소보다 온실 효과를 많이 일으키는 기체예요. 그러면 지구의 기온이 높아지고, 남극의 빙하와 그린란드의 빙하까지 녹을 뿐 아니라 해수면도 높아지지요.

평균기온이 2℃ 이상 오르지 않도록 막는 것도 무척 어려운 일이지만, 이것으로는 부족하다는 나라도 있어요. 이미 나라가 물에 잠기고 있는 남태평양의 섬나라 피지나 투발루 같은 곳이에요. 그래서 기온 상승을 1.5℃ 수준에서 막기 위해 노력하자는 추가 목표가 세워졌어요.

파리 협정에는 세계 대부분의 나라들이 참가했어요. 그럼에도 목표인 2℃를 달성하는 것에는 무척이나 많은 애를 써야 해요. 어떤 과학자들은 파리 협정에 맞추어 온실 기체를 줄인다 해도 지구의 평균 기온이 2.7℃까지 오를 거라고 전망하기도 했어요. 만약 온실 기체를 전혀 줄이지 않으면 평균 5℃ 이상 올라갈 거고요.

신재생에너지의 개발

우리나라는 온실 기체 배출량이 세계 7위예요. 우리나라도 파리 협정에 참여했기 때문에 온실 기체를 줄여야만 하지요. 그래서 화석 연료를 사용하지 않는 신재생에너지를 개발하려고 노력하고 있어요.

신재생에너지란 이산화탄소 배출량이 적고, 재활용해서 쓸 수 있으며, 자연에서 얻을 수 있는 에너지를 말해요. 태양에너지, 풍력에너지, 바이오에너지, 해양에너지 같은 친환경 에너지들이지요. 우리나라는 신재생에너지의 사용량이 전체 에너지 사용량의 1퍼센트밖에 되지 않아 갈 길이 멀어요.

신재생에너지를 개발하고 설치하는 노력 말고도 친환경 자동차를 보급하고, 기후 변화에 발 맞춰 법 제도를 개선하고, 저탄소산업에 지원하고, 에너지 환경세를 마련하는 등 국가적으로 많은 노력을 기울이고 있어요.

풍력에너지는 바람의 힘을 이용하는
신재생에너지예요.

우리가 할 수 있는 일

우리도 생활 속에서 기후 변화를 막기 위한 작은 노력을 할 수 있겠지요? 먼저 우리의 하루 일과를 살펴볼까요? 아침에 일어나 잠자리에 들기  전까지 하루 동안 환경과 기후에 얼마나 영향을 미치고 있을까요?

아침에 눈을 뜨면 학교에 가기 위해 비누로 세수를 하고, 샴푸로 머리를 감고, 드라이어로 머리카락을 말려요. 학교가 끝나고 나면 간식으로 친구들과 햄버거를 사 먹고 학원에 가요. 일과를 마치면 침대에 누워서 휴대 전화로 검색을 하거나 게임을 조금 하다가 잠이 들어요.

이런 행동 하나하나를 줄이는 것으로도 지구 기후에 좋은 영향을 미칠 수 있어요. 샴푸보다는 친환경용품으로 머리를 감고 세수를 하고, 헤어드라이어를 사용하지 않아요. 또 평소에 쓰지 않는 콘센트는 빼두고, 사용하지 않는 방의 불을 끄는 것 정도는 잘 알고 있을 거예요.

우리가 사용하는 인터넷 검색 문서, 사진, 동영상, 게임 콘텐츠 등 모든 형태의 디지털 정보는 데이터 센터에서 저장해 두었다가 우리에게 보내 주는 것이에요. 이를 위해서 데이터 센터에서는 많은 전력을 소비하지요. 이런 디지털 서비스의 탄소발자국은 종이보다는 작지만, 계속 사용되면 언젠가는 탄소발자국이 종이보다 커지지요. 우리가 인터넷을 조금 덜 검색하고, 게임을 조금 덜 하는 것으로도 탄소 배출을 줄일 수 있답니다.

또 햄버거, 햄, 소시지, 치킨 등 고기를 덜 먹는 것도 환경에 도움이 되어요. 공장식 축산을 하게 되면서 숲을 베어 내고 작물을 길러

생산한 곡물로 만든 사료를 많이 소비할 뿐만 아니라 동물들이 내뿜는 탄소와 메탄가스, 배설물로 인해 지구가 병들어 가고 있다는 것을 살펴봤으니까요. 이렇듯 우리의 식습관이 기후와 환경에 큰 부담을 줄 수도 있는 거랍니다. 어른들도 커피 마시는 습관을 줄이면 지구 기후 변화에 도움을 줄 수 있지요.

 이렇게 식습관을 바꾸는 것이 대중교통을 이용하는 것보다 더 환경에 도움이 된다고 하는 사람도 있어요. 일주일에 한 번 햄버거를 먹지 않으면, 자동차로 512킬로미터를 달릴 때 나오는 만큼의 온실 기체를 줄일 수 있다고 해요. 서울에서 부산까지가 400킬로미터 정도 되니까 500킬로미터면 엄청나게 긴 거리예요.

 햄버거뿐만 아니라 인스턴트 음식을 덜 먹고, 건강한 채소나 고기로 음식을 먹으려고 애쓰는 사람들도 있어요. 여러분이 살고 있는 마을이나 가까운 곳에서 키운 채소나 과일, 고기를 식재료로 음식을 만들어 먹고 대량으로 생산된 제품을 최대한 먹지 않는 것이에요.

　대량으로 만들어진 제품은 생산한 곳에서 도시까지 트럭이나 기차에 실려 먼 거리를 온 거예요. 그 과정에서 온실 기체가 많이 배출되지요. 사람들이 자기가 살고 있는 곳에서 생산된 식재료를 이용하려는 노력을 하면 운송 과정에서 나오는 온실 기체도 줄어들고, 공장형 축산도 줄어들게 되니 효과가 크지요.

　또 음식을 남기지 않는 것도 중요해요. 해마다 음식을 만드는 데 사용되는 식재료의 3분의 1인 13억 톤이 쓰레기로 버려지고 있어요. 전 세계 농지의 30퍼센트 정도에서 나오는 곡물이 버려지고 있는 거예요. 엄청난 양이지요?

　요즘은 우리나라에서 재배하는 과일이나 고기뿐 아니라 해외에서 수입되는 것들도 많아요. 음식물이 덜 버려지면 그만큼 수입량도 줄고, 먼 나라에서 우리나라까지 오는 동안 비행기나 배에서 배출되는 온실 기체도 줄어들게 될 거예요.

실천이 중요

 환경을 지켜야 한다는 사실을 알게 되었어도 생활 속에서 직접 실천하기는 쉽지 않아요. 이미 습관이 되어 있기 때문이죠. 또 편리하기도 하고요. 하지만 지구의 인구가 더 많이 늘어난다고 해도 우리가 환경 오염을 전혀 일으키지 않는 생활 습관을 가진다면 지구는 괜찮을 거예요. 환경 오염은 인구 수보다는 우리의 소비 습관과 생활 습관에서 시작되기 때문이지요.

 여러분도 이미 기후 변화로 생태계가 파괴되고, 자연 재해가 자주 일어나고 있다는 것을 알 거예요. 지난 여름에도 장마가 길게 이어져 많은 사람들이 피해를 입기도 했으니까요. 앞으로 기후 변화 때문에 더 큰 피해를 입지 않기 위해서라도 나 먼저, 오늘부터 생활 속의 작은 생활 습관들을 바꾸어 나가면 어떨까요?

기후 변화를 막기 위한 10대들의 노력

2019년 10월 23일, 미국 뉴욕 유엔본부에서 유엔기후행동 정상회의가 열렸어요. 여기에서 놀라운 일이 펼쳐졌어요. 스웨덴의 청소년 환경 운동가 그레타 툰베리가 경제 성장에만 신경을 쓰고 기후 변화 문제에 소극적으로 행동하는 어른들을 비판하는 연설을 했거든요.

열여섯 살인 툰베리는 2018년부터 환경 파괴와 기후 변화 문제에 제대로 대처하지 못하는 어른들에 항의하는 운동을 벌이고 있어요. 매주 금요일마다 스웨덴 의회 앞에서 기후 변화 문제를 해결해 달라고 목소리를 높이며 시위를 하고 있답니다. 툰베리의 환경 운동은 조금씩 세계적으로 알려져 전 세계의 청소년들과 시민사회에 영향을 미쳤어요.

또 툰베리와 다른 여러 나라의 청소년 15명은 독일과 프랑스, 브라질, 아르헨티나, 터키 등 다섯 개 나라를 '아동권 협약'에 따른 의무를 지키지 않았다고 고발했어요. 이 나라들은 기후 변화 문제를 막기 위해 적극적으로 노력하지 않고, 다른 나라들과 협력하지 않았으며, 그 때문에 청소년들의 인권을 침해했다는 거죠.

2003년 스웨덴에서 태어난 그레타 툰베리는 환경운동가로 활약하는 당찬 청소년이다.

툰베리는 어른들이 기후 변화를 해결하려고 하지 않기 때문에 자신들의 꿈과 어린 시절을 빼앗겼다고 주장하며, 기후 변화로 인해 많은 사람들이 고통 받거나 죽어 가고 있다고 호소했어요.

미국 알래스카 주 아키악에 거주하는 원주민 칼 스미스는 지구 온난화가 부족의 생존을 얼마나 위협하고 있는지 조목조목 설명하기도 했어요. 그러면서 기후 변화가 작은 마을이나 도시에 어떤 영향을 끼치는지 알아야 한다고 목소리를 높였지요.
이 청소년들의 주장이 당장 실현하기는 쉽지 않지만, 우리들에게 기후 변화 문제를 새롭게 되돌아보게 하는 계기가 되었어요.

1 인간이 지구에 영향을 많이 미친다고 해서 지금의 시대를 새로운 지질시대인 ☐☐☐☐ 라고 부르자고 하는 학자들도 있어요. 이것은 인류의 시대라는 말이에요.

2 국제사회가 본격적으로 기후 변화를 위해 노력하려는 발걸음을 뗀 것은 1992년이에요. 브라질 리우에서 개최된 유엔환경개발회의에서 ☐☐☐☐☐☐☐ 이 맺어졌어요.

QUIZ

3 2015년 파리 협정에서 가장 중요한 내용은 산업혁명 이전에 비해 지구의 평균기온이 ☐ 이상 오르지 않도록 하자는 것이에요.

4 우리나라는 온실 기체 배출량에서 세계 7위예요. 온실 기체를 줄이기 위해 화석 연료를 사용하지 않는 ☐ 를 개발하려고 노력하고 있어요.

5 지구를 지키기 위해 우리는 각자의 위치에서 할 일이 있어요. 가장 중요한 것은 머리로만 아는 것이 아니라 ☐ 이에요.

1. 인류세 2. 유엔기후협약협약 3. 2℃ 4. 신재생에너지 5. 실천

이 책을 읽고 나서 친구들과, 부모님과 함께 토론해 보세요.

1. 북극의 빙하가 녹으면 왜 문제가 될까요?

2. 엘니뇨 현상과 라니냐 현상에 대해 설명해 봐요.

3. 화석 연료에는 어떤 것이 있으며 왜 문제가 되는지 이야기해 봐요.

4. 기후 변화가 계속되면 30년 후의 우리나라 모습은 어떻게 변할까요? 상상하고 이야기해 봐요.

5. 기후 변화를 막기 위해 우리가 실천할 수 있는 것은 어떤 것일까요? 아주 작은 것이라도 고민해 봐요.